数字化转型背景下
商业银行效率
及其影响因素研究

Research on the Efficiency of Commercial Banks
and Its Influencing Factors
under the
Background of Digital Transformation

何 蛟 匡红刚 著

社会科学文献出版社
SOCIAL SCIENCES ACADEMIC PRESS (CHINA)

本成果获：

2018年重庆市教育委员会人文社会科学研究基地项目"现代经济体系下商业银行效率影响因素及提升路径研究"（18SKJD035）资助

"中国商业银行效率及其影响因素研究"（项目编号：sisu201792）资助

"数字化转型背景下跨国企业商业情报智能分析与决策研究"（项目编号：2022KYZD05）国际工商管理学院2022年度科研项目资助

本书系重庆市高水平新文科建设高校资助出版系列成果

摘　要

近年来，互联网及信息技术的飞速发展将我们带入崭新的信息时代，我国商业银行面临的内外部新挑战日益突出，其自身也在不断探索创新与改革。数字化时代的来临，给商业银行带来前所未有的机遇和挑战，也成为新时期商业银行转型的核心线索。大数据、人工智能、区块链等技术深刻改变了客户行为和金融服务模式，金融科技企业参与金融市场竞争，也加速了金融脱媒。在此背景下，商业银行数字化转型被赋予更重要的历史使命，本文也将从实证角度全面阐释数字化转型背景下商业银行多种运营效率之间的互动关系。

效率作为经济学家分析问题的关键，是现代经济学分析框架中三个重要组成部分之一，是经济学研究的中心问题。商业银行是金融体系的重要组成部分，对数字化转型背景下的商业银行效率进行研究，能为商业银行调整资源配置和经营策略提供经验证据；为银行监管当局制定有针对性的监管政策提供理论依据；对中国商业银行生存与发展和金融系统的安全与稳定具有重大意义。

本书共分七个部分。第一部分分析了本书选题的理论与现实意义、界定了基本概念、确定了分析框架；第二部分回顾了效率评价理论、介绍了效率研究方法，总结了国内外商业银行效率评价的研究进展；第三部分对数字化转型背景下中国商业银行效率进行了实证研究；第四部分研究了数字化转型背景下股权结构改革对我国商业银行效率的影响；第五部分研究了数字化转型背景下引入外资战略投资者对中国商业银行效率的影响；第六部分在计算R&D资本存量的基础上，运用知识函数实证分析了数字化转型背景下技术创新对中国商业银行效率的影响；第七部分为结论与展望。本书的主要研究成果如下。

第一，提出了数字化转型背景下考虑收入管理的商业银行效率评价方法。本书考虑了参数法的缺点，采用能够更好拟合金融机构数据的傅里叶弹性函数形式，通过修正的产出法选取变量，并在构建成本和利润方程时体现了存款的投入和产出特征；然后引入利润效率和替代利润效率对商业银行效率进行综合评价，揭示了商业银行对收入的管理；同时在运用面板数据（Panel Data）模型时克服了变量间多重共线性、量纲不同等问题。

第二，验证了数字化转型背景下股权结构改革对商业银行效率影响的论断。现有研究或评价国有商业银行效率，或评价股份制商业银行效率，或评价外资商业银行效率，无法揭示在同一市场环境下、同一竞争平台上不同股权结构商业银行间的效率差距。本文将样本银行细分为国有银行、国内股份制银行、外资银行，在样本期内同时评价不同股权结构银行的效率。实证结果验证了股权结构改革对商业银行效率的影响，克服了现有文献在单个银行间进行效率比较的弊端，解决了商业银行效率评价研究中不细分股权结构的问题。

第三，揭示了数字化转型背景下引入外资战略投资者对商业银行效率的影响。通过公式推导和理论分析，按股权结构对样本银行进行了细分，在样本期内清晰地观察到引入外资战略投资者前后成本效率与利润效率的变化，从而揭示了引入外资战略投资者对商业银行效率的影响。验证了外资战略投资者在商业银行成本控制、市场运作、可持续发展、公司治理中发挥了积极和正面的作用，纠正了引入外资战略投资者只会削弱中国商业银行竞争力的错误观点，认为引入外资战略投资者后商业银行效率提升的可能原因是技术进步和积极上市。

第四，解释了数字化转型背景下影响商业银行效率的主要因素。通过建立商业银行效率影响因素的回归模型，从市场集中度、公司治理、货币供应量、规模经济、资产配置、稳定性、金融创新七个方面考察影响商业银行效率的因素，验证了市场竞争程度的提高对我国商业银行效率产生了重要的促进作用；改善公司治理能力能有效提高商业银行效率；货币供应量与银行规模都会对商业银行效率产生影响。

关键词：数字化转型　商业银行效率　股权结构　外资战略　知识生产函数

Abstract

In recent years, the rapid development of Internet and information technology has brought us into a information era. China's commercial banks are facing increasingly prominent internal and external challenges, and they are also constantly exploring the direction of innovation and reform. The advent of the digital age has brought unprecedented opportunities and challenges to commercial banks, and has also become the core clue of bank transformation in the new era. Big data, artificial intelligence, block chain and other technologies have profoundly changed consuming behavior and financial service mode. Financial technology enterprises have entered the financial market and accelerated the disinter mediation of indirect finance. In this context, the digital transformation of banks is given a more important historical mission. This paper will also comprehensively explain the interactive relationship between various operational efficiency of commercial banks under the background of digital transformation of commercial banks from an empirical perspective.

Efficiency within the framework of modern economic analysis of three important components is the central issue of economics. Commercial banks are the financial system, research on the efficiency of commercial banks in the context of digital transformation, develop a targeted regulatory policies provide the theoretical basis; for the banks to adjust the allocation of resources and change management strategies to improve the efficiency of providing empirical evidence; On the survival and development of Chinese commercial banks and financial system security and stability is of great significance.

The book is divided into seven chapters. The first chapter analyzes the theoretical and practical topics of significance to determine the analytical framework; the second chapter reviews the efficiency of evaluation theory, summed up the progress of evaluation of the efficiency of domestic and foreign banks; the third chapter of the efficiency of Chinese commercial banks empirical research in the context of digital transformation; the fourth chapter analyzes the equity structure reform in the efficiency of commercial banks in the context of digital transformation; the fifth chapter analyzes the fifth chapter analyzes the foreign strategic investors in Chinese commercial bank efficiency in the context of digital transformation; the sixth chapter is about the calculation of R&D capital stock on the basis of empirical analysis of the use of the knowledge function technical innovation on the efficiency of commercial banks in the context of digital transformation; the seventh is "chapter conclusion and outlook". The main research results are as follows:

(1) Consider the proposed revenue management efficiency evaluation of bank in the context of digital transformation

This book, we consider the shortcomings of the parameter method, using financial institutions to better fit the data of the Fourier flexible functional form, the modified output variables were selected, and when the construction cost and profit equation reflects the input and output characteristics of deposits; and the introduction of profit efficiency and alternative profit efficiency of banking efficiency in a comprehensive evaluation, revealed the bank's management of income; the use of panel data (Panel Data) model attention to overcome the multicollinearity among variables, such as the dimensionless difference problem.

(2) Verify ownership structure affect the efficiency of the banking in the context of digital transformation

Evaluation of studies or efficiency of state-owned banks, or the evaluation of the efficiency of joint-stock banks, or the evaluation of the efficiency of foreign banks, can not be revealed in the same market environment, the same competitive platform between banks with different ownership structure the efficiency gap. Sample broken down by state-owned bank holding banks, domestic joint-stock banks, foreign-controlled banks in the sample period, while evaluation of the efficiency of banks of different ownership structure, ownership structure empirical results demonstrate the efficiency of the bank to correct the existing literature in comparison between the efficiency of individual banks malpractice settlement evaluation of the efficiency of commercial banks ownership structure is not broken down the problem.

(3) reveals the introduction of foreign strategic investors in bank efficiency in the context of digital transformation

By formulas and theoretical analysis of the sample banks were broken down by ownership structure, in the sample period to observe a clear before and after the introduction of foreign strategic investors, cost efficiency and profit efficiency changes, which reveals the introduction of foreign strategic investors bank efficiency. Validation of foreign strategic investors in the bank's cost control, marketing, sustainable development, corporate governance play an active and positive role in correcting the foreign commercial banks in China can only weaken the competitiveness of one-sided point of view, the introduction of foreign capital obtained efficiency gains after the bank's shares may be due to technological progress and positive results listing.

(4) explains the main factors affecting the efficiency of banks in the context of digital transformation

Through the establishment of bank efficiency factors of the regression model, the market concentration, corporate governance, money supply, economies of scale, asset allocation, stability, financial innovations seven aspects to examine the factors that affect the bank efficiency, explains the efficiency of commercial banks. The main factors to verify the real extent of market competition to improve the efficiency of China's commercial banks had an important role in promoting; improving corporate governance can be effective in promoting bank efficiency; money supply and bank size will affect the efficiency of banks.

Keywords: Digital Transformation; Commercial Banks Efficiency; Equity Structure; Foreign Strategic Investors; Knowledge Function

目 录

1 绪论 …………………………………………………………… 001
   1.1 本书的学术意义和实践意义 ………………………………… 004
   1.2 研究方法、内容和技术路线 ………………………………… 006
   1.3 本书的主要创新点 …………………………………………… 012
   1.4 本章小结 ……………………………………………………… 013

2 商业银行效率理论分析 …………………………………………… 014
   2.1 经济学中的效率理论和商业银行效率理论 ………………… 014
   2.2 商业银行效率理论与商业银行效率影响因素理论 ………… 022
   2.3 效率测算方法 ………………………………………………… 035
   2.4 知识生产函数与效率 ………………………………………… 048
   2.5 国内外相关实证研究综述 …………………………………… 055
   2.6 本章小结 ……………………………………………………… 072

3 数字化转型背景下中国商业银行效率实证研究 ……………… 073
   3.1 问题的提出 …………………………………………………… 073
   3.2 效率的概念及理论起源 ……………………………………… 074
   3.3 构建基于参数法的商业银行效率前沿模型分析框架 …… 078

3.4 中国商业银行效率的实证分析 ………………………………… 081
3.5 本章小结 ………………………………………………………… 089

4 数字化转型背景下股权结构改革对中国商业银行效率影响的实证研究 …………………………………………………………… 091

4.1 问题的提出 ……………………………………………………… 091
4.2 有关股权结构对商业银行效率影响的研究 …………………… 092
4.3 中国商业银行效率 SFA 模型评价原理 ………………………… 095
4.4 中国商业银行效率的影响因素 ………………………………… 103
4.5 本章小结 ………………………………………………………… 109

5 数字化转型背景下引入外资战略投资者对中国商业银行效率影响的实证研究 ……………………………………………………… 112

5.1 问题的提出 ……………………………………………………… 112
5.2 商业银行效率研究方法、模型与数据 ………………………… 113
5.3 引入外资战略投资者对银行效率影响的实证分析 …………… 117
5.4 本章小结 ………………………………………………………… 124

6 数字化转型背景下技术创新对中国商业银行效率影响的实证研究 ……………………………………………………………………… 126

6.1 问题的提出 ……………………………………………………… 126
6.2 R&D 资本存量的测算 …………………………………………… 129
6.3 R&D 资本存量的估算 …………………………………………… 132
6.4 知识生产函数估计 ……………………………………………… 135
6.5 知识生产效率的影响因素 ……………………………………… 141

6.6 本章小结 …………………………………………… 143

7 结论与展望 ………………………………………… 145
　　7.1 研究结论 …………………………………………… 145
　　7.2 研究展望 …………………………………………… 153

参考文献 …………………………………………………… 155

1　绪论

改革开放四十多年来,中国商业银行业主要经历了四次改革。第一次改革出现在 1979~1984 年,与改革开放前相比,这一时期政府储蓄和国家财政收入大幅下降,而居民储蓄大幅上升,这大大削弱了国家以财政为主自上而下的经济控制与资源配置能力,国家不得不通过扩展国有金融产权边界的方式来聚集分散的居民个人储蓄,以便向体制内经济体提供足够的金融支持。四大国有银行与央行的分立是当时中国经济环境的内生产物,这一时期,政府对国有银行百分之百控制所带来的收益远大于成本。在内部,政府根本没有推动国有银行进行产权改革和治理制度改革的动机,因而从产权归属来看,仍然只有单一银行制度,没有以激励约束机制为主的市场化治理制度。第二次改革出现在 1985~2002 年,国有银行实行企业化、商业化改革,股份制银行相继成立,基于两种产权结构的二元银行治理制度开始出现。这一时期,政府通过控制国有银行为国有企业融资,但政府完全控制国有银行的治理制度存在两大致命缺陷:(1) 银行高级管理者虽然没有剩余索取权,但拥有剩余控制权,两权相互分离;(2) 在剩余控制权和剩余索取权分离的情况下,国有银行没有形成基本的约束激励机制,激励不足,约束更不足，因而银行高级管理者成为事实上的"内部控制人"。国有产权和缺乏必要约束机制的治理制度使得国有银行和国有企业出现了双向预算软约束，在国有银行和国有企业双向预算软约束以及上一时期国有银行分支机构肆意扩张使得委托代理链条急剧增加的情况下，大量不良贷款不断累积。这迫使政府不得不收缩国有银行产权边界，调整金融配置的权力体系，力图实现控制国有银行的效用最大化。此外，市场化经济和民营经济也在深入推进，招商银行、深圳发展银行、浦东发展银行等一批股份制银行相继成立。政府企图在体制外建立新的商业银行，引入新的竞争主体，强化商业银行的竞争机制，给国有银行施加外部压力，从外部完善国有银行的治理制度，提高商业银行整体实力和服务水平并为国有银行商业化、股份制改革积累经验。第三次改革出现在2003~2013年。随着正式加入WTO时限逼近、外资银行全面进入中国对国有银行造成激烈竞争和挑战，中国政府对国有银行100%的控制偏好有所下降，效率偏好部分代替了控制偏好。2003年，中国政府开始对国有银行实施"财务重组—引入外资战略投资者—上市—完善治理制度"的一系列深层次改革。2013年以来，受经济发展进入新常态、利率市场化改革推进、金融脱媒深化、金融监管趋严等多重因素叠加影响，商业银行发展也进入新常态。2013年第一季度到2018年第三季度，商业银行主要经营指标呈现下滑态势，净息差从2.57%持续下降到2.15%，净利润增速从13.13%下降到5.91%，净资产收益率从21%下降到13.15%，但不良贷款率则从0.96%持续上升到1.76%。中国商业银行的粗放式高速扩张阶段已经结束，整个行业进入全新发展阶段。第四次改革出现在2018年。一方面，在银保监会的指导下，中国商业银行在完善公司治理结构、发展普惠金融、业务创新和海外发展等方面都取得了突破。为进一步稳增长、促改革，2018年12月13日召开的中共中央政治局会议继续把"稳金融"放在重要位置，要求统筹推进稳增长、促改革、调结构、惠民生、防风险工作，中国商业银行改革发展进入新时代。另一方面，随着互联网金融发展对经济运行特别是金融行业的促进，大数据、云计算、云端互联等多种技术的综合应用推动了对金融数据的进一步发掘。银保监会披露的数据显示，2020年银行业信息科技投入为2078亿元，同比增长20%。据零壹智库统计，截至2021年4月9日，已有12家商业银行设立金融科技子公司，数字化技术与银行业融合发展为提升商业银行运营效率拓展了边界。国家"十四五"规划、2021年政府工作报告、中国人民银行及银保监会一系列文件等，都在加快推进数字化转型、提升商业银行运营效率方面提出了要求。

效率作为经济学家分析问题的关键，是现代经济学分析框架中三个重要组成部分之一，是经济学研究的中心问题。商业银行是金融体系的重要组成部分，数字化转型背景下，研究商业银行效率可揭示各商业银行间的效率差距，反映中国商业银行在成本控制、盈利能力和经营绩效等方面的发展不均衡性；为商业银行调整资源配置和经营策略提供经验证据；为银行监管当局制定有针对性的监管政策提供理论依据；对中国商业银行生存与发展、中国金融系统的安全与稳定具有重大意义。

综上所述，在数字化转型的大背景下，未来3~5年是商业银行改革转型的关键时期，也是行业格局进一步分化整合的时间窗口。商业银行必须顺应国家战略、时代潮流与行业趋势，加快改革步伐，充分利用数字化技术来提升自身的运营、服务效率。那么在当前数字化转型背景下,中国银行业引进外部战略投资者、改善银行股权结构等行为是否会影响公司治理水平?影响商业银行效率的因素还有哪些?科技创新是否也能够显著影响商业银行效率?这些问题亟须探讨,本书以此为出发点,讨论数字化转型背景下提升中国商业银行效率的有效途径。

1.1 本书的学术意义和实践意义

1.1.1 学术意义

1. 对中国商业银行的效率提升具有参考价值

比较研究数字化转型背景下各商业银行效率,对提高中国商业银行效率具有科学的指导意义。对中国商业银行进行效率评价可揭示各银行间的效率差距,反映中国商业银行在成本控制、盈利能力和经营绩效等方面的发展不均衡问题。效率评价的结果可促使各银行判断自身与有效率银行在资源配置等方面的差距,探索提升自身效率的方法和模式,实现自我完善。此外,效率研究可确定各商业银行的投入冗余和产出不足情况,这有助于各商业银行有针对性地调整资源配置和经营策略,促进商业银行个体效率的提升。商业银行个体效率的提升最终将促进中国商业银行整体效率提升。

2. 为各商业银行分支机构优化资源配置和提升效率提供理论参考

效率评价方法与模型也可应用于各商业银行总行对其所辖分支机构的效率评价。评价结果显示了各商业银行分支机构的运营效率、资源配置合理性及发展潜力，为各商业银行总行有针对性地调整各分支机构的组织形式、经营模式及业务结构等提供了理论参考，有助于各商业银行分支机构开展优化资源配置、降低成本浪费、减少投入冗余等工作。最终由基层银行的效率提升带动整个商业银行体系的效率上升。

3. 为银行监管当局制定有针对性的监管政策提供理论依据

银行效率评价被视为解决银行效率问题的重要手段。数字化转型背景下商业银行的效率评价结果一方面反映了商业银行在成本最小化、规模扩张合理化、产出能力最大化等方面的经营效果，另一方面也体现了商业银行金融资源的利用有效性和配置合理性。金融资源是社会的公共财富，通过对各商业银行的效率进行对比分析，中国银行业监管部门可判断各商业银行对金融资源的利用程度，从而有针对性地制定金融监管政策，促进金融资源在中国商业银行间实现合理分配和利用，最终提高中国商业银行的经营效率和国际竞争力。

4. 对中国金融业的稳定与发展具有重要意义

商业银行是金融体系的最重要组成部分，中国商业银行的稳定与发展将直接影响中国金融体系的稳定与发展。研究数字化转型背景下中国商业银行的效率状况及效率影响因素，可取得银行资源配置优化、银行经营效率提高、银行市场竞争力增强等多重效果。解决银行效率低下的问题，亦可取得增强中国商业银行应对外来冲击的承受能力、稳定中国商业银行的市场份额等效果。因此，对中国商业银行效率进行研究，有针对性地提出提升效率的对策，促进商业银行竞争力的提升将会为中国商业银行的稳定与发展营造良好环境，从而保障中国金融体系的稳定与发展。

1.1.2　实践意义

本研究的实践意义在于提高我国商业银行效率与国际竞争力，促进我国商业银行持续稳定健康发展。持续稳定、高速发展的国内经济创造了良好的金融发展环境；加入WTO，使我国金融市场由国内拓展至国外；数字金融与金融科技的高速发展，使我国商业银行的发展空间得以有效延伸。同时，随着数字化转型的全面推进，金融市场已然全面开放，我国商业银行既要面对国内同业的竞争，又要面对西方发达国家商业银行的挑战，竞争形势变得越来越严峻。而我国商业银行整体竞争水平不高，在与发达国家商业银行同台竞争时，处于劣势地位，甚至有被边缘化的危险。面对难得的发展机遇和严峻的竞争压力，我国商业银行必须抓住机遇、深化改革，尽快提升效率与竞争力。因此，研究分析我国商业银行的效率与竞争力，首先可以揭示和确认商业银行的效率结构、效率状况以及效率影响因素、影响方式和影响程度；其次，可以为我们防范风险和提高效率提供科学的理论依据；最后，引导我国商业银行抓住机遇，保证平稳过渡，并争取国际竞争的有利地位，对我国商业银行发展有着重要的意义，对深化金融体制改革有着全局性的意义。

1.2　研究方法、内容和技术路线

1.2.1　研究方法

本研究采用问题导向型的研究方法，首先测算我国商业银行效率并对其进行分解，其次以此为基础研究商业银行效率的影响因素，最后综合所有实证研究结果，对商业银行效率的形成机制进行理论分析。本文使用的方法主要有以下几种。

一是实证分析。大量的实证分析和多种实证分析方法相结合是本书最突出的特点之一，本书首先利用两步数据包络分析法（DEA）和随机前沿法（SFA）对我国商业银行效率结构和动态变化进行对比分析，然后利用回归方法对我国商业银行效率的影响因素进行大量实证检验。

二是数理模型分析。复杂的数理分析可以使逻辑更加严谨与缜密，本书利用大量的数理模型对经济思想进行抽象化和简化，从而使得理论分析更富逻辑性、系统性和规范性。

三是比较分析。对同一对象的不同方面或对不同对象的同一问题进行纵向或横向比较，有助于抓住事物的本质。对我国商业银行效率结构进行测算和分解，对不同股权结构、经营行为进行比较分析是本书的突出特点。

四是理论分析。本书对我国商业银行效率的影响因素尤其是制度因素进行了分析，还对我国国有银行和股份制银行的效率结构进行了探讨，并研究了我国商业银行效率的形成机制。在这个过程中，逻辑推理和理论分析是不可或缺的。当然，上述方法在行文过程中并不是单独使用，而是相互结合，本文力图实现各种方法的融合应用。

1.2.2 技术路线

本书将遵循以下技术路线展开分析，如图1.1所示。

第一，文献资料和数据的收集、处理、分析。收集国内外文献，归纳总结商业银行效率研究取得的成果、存在的问题。

第二，商业银行效率的理论基础研究。在广泛分析文献资料的基础上，利用经济管理领域的理论知识，建立理论模型，对商业银行效率评价的一些理论基础问题进行研究。

第三，中国商业银行效率实证分析。借鉴国外 X 效率的概念，采用修正的产出法确定参数法中的投入和产出项，再利用参数法对数字化转型背景下中国商业银行 2009~2019 年的效率状况进行全面分析。

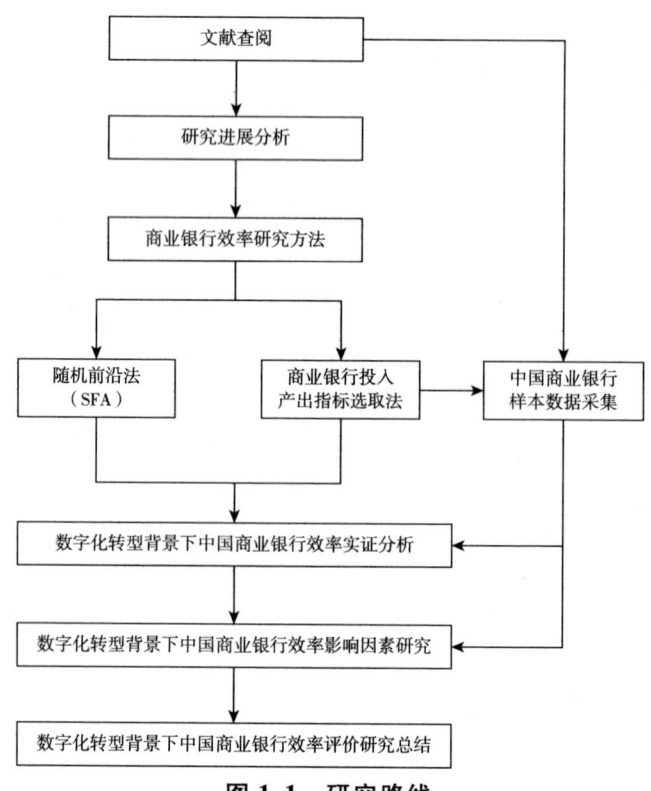

图 1.1 研究路线

第四,中国商业银行效率影响因素研究。本文采集了 32 个商业银行的样本,运用 SFA 法对数字化转型背景下我国商业银行效率进行了估计,并在此基础上使用计量方法对影响商业银行效率的若干因素进行了检验分析。结果表明,数字化转型背景下股权结构差异、引入战略投资者、完善公司治理机制是影响我国商业银行效率的重要因素。

第五,政策建议。在以上研究的基础上提出数字化转型背景下提升中国商业银行效率的政策建议。

1.2.3 研究内容

1. 数字化转型背景下中国商业银行效率实证研究

本书借鉴国外 X 效率的概念,采用修正的产出法确定参数法中的投入项和产出项,再利用参数法对中国 17 家商业银行 2009~2019 年的效率状况进行全面分析。实证检验数据显示,中国商业银行中效率最高的是股份制商业银行,效率最低的是服务范围限制在单一地区的城市商业银行。尽管我国商业银行在样本期的效率水平均是规模报酬递减,但随着资产规模的增加,其年均效率不仅没降低,反而有所上升,说明我国商业银行存在着 X 效率;文中利润效率的演进趋势说明提高盈利能力将是中国商业银行提升效率的重要途径。实证研究结果对于中国商业银行来说具有重要的政策含义,中国商业银行想要提升效率需要进行以下两项改革。第一,国有银行要真正实现商业化,必须进行财务重组、优化股权结构,摆脱政府的控制和干预,实行更有效的公司治理和激励机制,从内部提高商业银行效率。第二,应允许越来越多的股份制银行进入市场与国有银行竞争，通过市场竞争从外部提升商业银行效率。本书仅仅评价了商业银行的效率，并未对影响效率的各种因素进行深入研究，股权结构、金融创新、外资战略投资者的引入等各种因素如何影响商业银行效率将是我们开展下一步研究的焦点。

2. 数字化转型背景下股权结构改革对中国商业银行效率影响的实证研究

本书利用32家银行2009~2019年的数据，运用SFA法研究了中国商业银行的成本效率和利润效率，然后通过回归分析确定了商业银行效率的主要决定因素。实证结果显示，非四大国有银行中引入外资战略投资者银行的利润效率值要高于未引入外资战略投资者的银行，相同的实证结果也出现在股份制银行和四大国有银行中。我们假设市场集中度、公司治理、货币供应量、规模经济、金融创新、稳定性、资产配置是影响银行绩效的重要因素，并建立了一个简单的回归模型。这个模型考虑了营业外支出、人均利润率、人均费用率、央行的货币供应量、总存款、总贷款、所有者权益、非利息收入等不同变量，其回归结果表明，市场集中度、公司治理、货币供应量和规模经济都对商业银行效率产生了积极的影响。以上分析结果表明中国商业银行的改革还面临着严峻的挑战，同时也为商业银行的管理者和监管者提供了提高银行效率的途径和思路。

3. 数字化转型背景下引入外资战略投资者对中国商业银行效率影响的实证研究

通过SFA法对引入外资战略投资者前后我国不同股权结构的商业银行进行效率研究后，本书得出以下基本结论。第一，不同股权结构的商业银行在少量引入外资战略投资者后，改善了成本效率，同时促进了利润效率的提升,原因是技术进步和外资战略投资者积极推动商业银行上市。第二,四大国有银行利润效率值最低,在很大程度上是因为糟糕的收入业绩和大量的不良贷款。外资商业银行利润效率值最高,原因是它们从国有银行得到了转移资源,包括优秀的人力资源。第三,股份制商业银行成本效率较低,可能是迅速扩张的结果;四大国有银行成本效率较高,可能是政府在成本上进行补贴的结果。第四,实证研究表明,中国政府对国有商业银行实施"财务重组—引入外资战略投资者—上市—完善治理制度"改革路径,对商业银行效率的提升有积极作用,经验结果证明商业银行改革的方向是正确的。

4. 数字化转型背景下技术创新对中国商业银行效率影响的实证研究

国际经验表明,处于不同经济发展阶段的国家和地区,其商业银行创新表现出了较大的差异,并且随着发达国家金融管制的放松和发展中国家的金融自由化改革,商业银行的创新也在发生着较大的变化。在已有的研究中,关于决定商业银行创新形成和演变的因素的观点主要有两大类:一类是制度决定论,另一类是技术决定论。在本书的分析中,我们在既有研究成果的基础上,利用中国商业银行的面板数据,构建了知识生产函数模型,运用知识生产函数模型测算出商业银行的 R&D 资本折旧率,然后采用永续盘存法测算了我国商业银行的 R&D 资本存量,为检验我国商业银行技术效率、创新能力等具有重大现实意义的命题提供了基础性数据。实证检验表明我国商业银行的创新并不完全取决于技术,而刚性的制度因素决定了商业银行的创新水平。

1.3 本书的主要创新点

1. 提出了考虑收入管理的商业银行效率评价方法

本书考虑了参数法的缺点，采用能够更好拟合金融机构数据的傅里叶弹性函数形式，通过修正的产出法选取变量，并在构建成本和利润方程时体现了存款的投入和产出特征；然后引入利润效率和替代利润效率对银行效率进行综合评价，揭示了商业银行对收入的管理水平；同时在运用面板数据（Panel Data）模型时克服了变量间多重共线性、量纲不同等问题。

2. 验证了股权结构对商业银行效率影响的论断

现有研究或评价国有银行效率，或评价股份制银行效率，或评价外资银行效率，无法揭示在同一市场环境下、同一竞争平台上不同股权结构银行间的效率差距。本书通过将样本银行细分为国有银行、国内股份制银行、外资银行，在样本期内同时评价不同股权结构商业银行的效率，实证结果验证了股权结构改革对商业银行效率的影响，克服了现有文献在单个银行间进行效率比较的弊端，解决了商业银行效率评价研究中不细分股权结构的问题。

3. 揭示了引入外资战略投资者对商业银行效率的影响

通过公式推导和理论分析，本文将样本银行按股权结构进行了细分，在样本期内清晰观察到引入外资战略投资者前后成本效率与利润效率的变化，从而揭示了引入外资战略投资者对商业银行效率的影响，验证了外资战略投资者在商业银行成本控制、市场运作、可持续发展、公司治理中发挥了积极和正面的作用,纠正了引入外资战略投资者只能削弱中国商业银行竞争力的错误观点,得出了引入外资战略投资者后商业银行效率提升的可能原因是技术进步和积极上市。

4. 解释了影响商业银行效率的主要因素

通过建立商业银行效率影响因素的回归模型,本文从市场集中度、公司治理、货币供应量、规模经济、资产配置、稳定性、金融创新七个方面考察影响商业银行效率的因素,解释了影响商业银行效率的主要因素,验证了市场竞争程度的提高对我国商业银行效率产生了重要的促进作用;改善公司治理水平能有效促进商业银行效率的提高;货币供应量与商业银行规模都会对商业银行效率产生影响。

1.4 本章小结

本章主要对本书的研究背景、研究意义、研究内容、研究方法以及创新点进行了阐述。商业银行是金融体系最重要的组成部分,中国商业银行的稳定与发展将直接影响中国金融体系的稳定与发展。研究中国商业银行的效率状况及主要的效率影响因素,可获得银行资源配置优化、银行经营效率提高、银行市场竞争力增强等多重效果。解决银行效率低下的问题,亦可获得增强中国商业银行应对外来冲击的承受能力、稳定中国商业银行的市场份额等效果。因此,对中国商业银行效率进行研究,有针对性地提出提升效率的对策,促进商业银行竞争力的提升,将会为中国商业银行的稳定与发展营造良好环境,从而保障中国金融体系的稳定与发展。

2　商业银行效率理论分析

2.1　经济学中的效率理论和商业银行效率理论

2.1.1　古典经济学中的效率思想

亚当·斯密在1776年发表的《国富论》中指出,以市场竞争和要素自由流动为前提,利用"看不见的手"的调节作用,通过分工和专业化能够提高劳动生产率,进而促进经济增长。李嘉图在1821年发表的《政治经济学及赋税原理》中,试图证明利润增长能够促进资本积累和技术进步,而资本积累和技术进步又能够促进生产率的提高。

2.1.2　新古典经济学中的资源配置效率论

除市场竞争和要素自由流动等古典经济学的前提条件外,新古典经济学还提出了一系列假设和约束条件,比如理性经济人、交易成本为零、信息对称、个人偏好和生产技术既定、个人偏好可以用序数效用来描述、商品有多种用途但存在机会成本等,它们是新古典经济学赖以成立的基石。

马歇尔采用 19 世纪 70 年代英国经济学家杰文斯、奥地利经济学家门格尔和法国经济学家瓦尔拉斯开创的边际分析方法，对消费者如何实现效用最大化、厂商如何实现成本最小化或产出最大化进行了严密的逻辑分析和数学推导，如果消费者、生产者实现了局部均衡，那么资源配置就是有效的。

英国经济学家庇古依据马歇尔的基本理论和方法，最先创建了以边际效用基数论为基础的福利经济学体系。根据边际效用递减原理，庇古认为，通过征税和发放补贴，可以实现财富的分配和转移，进而缓和贫富矛盾，增进社会福利；通过"看不见的手"使边际私人纯产值（指生产者增加一个单位生产要素所得到的纯产值）和边际社会纯产值（指社会增加一个单位生产要素所得到的纯产值）趋于一致，资源配置就可以达到最优状态，国民收入也能随之增加。但是，怎么能够实现社会资源的最优配置，庇古没有给出较好的解决方案。新福利经济学以理性经济人假设为前提，采用序数效用论，提出了基于一般均衡的效率标准，找到了实现社会资源最优配置的条件（这是旧福利经济学没有解决的），但回避了分配和社会公平。意大利经济学家帕累托认为，当生产资源在各部门的分配达到这样一种状态，任何改变资源配置的方法已经在不使任何一人的处境变坏的情况下，不可能使任何一人的处境变得更好，就意味着生产资源的配置已经使得社会福利达到最高水平。要达到这种最优状态，必须在交换、生产和生产与交换三方面满足最优条件：消费者最大效用得到满足，生产者获得最多利润，生产要素所有者获得最大收入。如果此时没有经济外部效应，就一定能够达到社会福利水平最高的帕累托最优状态。帕累托最优状态刻画了资源配置的最佳状态。

2.1.3 制度经济学中的效率论

与新古典经济学假设不存在交易成本相反，交易成本是新制度主义经济学的核心概念。交易成本的基本思想最早是由科斯提出的，简单地说，交易成本是指在现实的经济交易中，达成任何一项交易，都需要进行合约的议定，并且要了解有关生产者生产和消费者需求的信息。这些交易成本不仅存在，而且有时会高到使交易无法达成。正是由于交易成本的存在，才产生了一些降低这些成本的制度安排。威廉姆森发展了科斯的交易成本思想，对制度与组织的关系进行了深入的阐述，在其1995年出版的《治理机制》中，威廉姆森明确提出了一个制度环境与经济组织相互作用的三层次框架：制度环境、组织治理结构、组织成员。按照这一框架，组织内部的治理结构既为更客观的特征（制度环境）所包容，也为更微观的特征（组织成员）所包容。

组织效率的高低关键在于组织内部的治理结构能否降低交易成本，然而组织治理不是孤立进行的，其一方面随着制度环境变化而变化，另一方面也随着经济行动者的特性变化而变化。总之，从交易成本理论来看，追逐交易成本最小化的效率规则决定了对经济活动的不同组织形式和行为的选择。组织内部或组织之间的种种差异都可以通过交易成本的高低、形式、特征来加以解释，交易成本的变化受制度环境特别是产权制度的制约。由于决策者的有限理性和交易成本的存在，新制度经济学对效率的定义是"次优"而不是"最优"，西蒙认为效率是"完成了的任务量与可以完成的任务量这两者之间的关系，即实际成绩与标准成绩之比"。

2.1.4 现代经济理论有关效率论述

Farrell 等人（1957）最早系统地研究了经济效率理论。他指出，一个企业或部门的效率包括两个部分，即技术效率（Technical Efficiency）和配置效率（Allocation Efficiency）。前者反映了企业或部门在既定投入水平下获得的最大产出能力；后者反映了在既定价格和生产技术水平下，企业或部门使用最佳投入比例的能力。这两种效率的总和反映了企业或部门的经济效率。

也有学者表达了与 Farrell 等人（1957）基本相似的效率思想，即经济效率是指一个经济体在既定生产目标下的生产能力，也就是指在恰当的生产可能性曲线上的恰当的点。它可以进一步分为技术效率、配置效率。

2.1.5 产权论

传统的产权论认为，产权拥有人享有剩余利润占有权，因此产权人有较强的激励去不断提高企业的效益。所以在剩余索取权的激励下，私有企业比传统的国有企业生产效率高。这样，在产权从公有转为私有的过程中，企业激励机制就得到了改善，企业效率也会得到提高，即产权变换带来了企业治理机制的变化，产权改革的意义就在于它改变了企业治理机制。

产权论认为产权归属是企业绩效的决定因素。这主要基于三个理论。第一，剩余利润占有理论认为对剩余利润的占有是企业拥有者追求效益的基本激励，经营者占有剩余利润的份额越多，企业提高效益的动机也就越强。当企业所有剩余利润都归经营者所有时，企业的经营者就成为企业的拥有者,这种"自然人"私有企业的激励机制是最完善的。第二,资产拥有理论认为资产被私人拥有后,资产便有了排他性,这种排他性保证了企业拥有者的资产以及使用资产带来的收益不会被他人侵占,使企业拥有者产生了一种关心资产的激励。相反,资产一旦被公共所有,便具有了非排他性,这种非排他性意味着每个人都期望别人去关心资产,自己"搭便车"去享有资产,从而导致没人关心公共资产,最终造成公共资产过度使用、流失甚至毁损等后果。第三,私有化理论认为国有企业通常存在企业目标多元化、对经理激励不足、预算软约束三个主要弊端,国有企业私有化能够改变和强化企业的剩余索取权激励机制,赋予企业价值最大化的目标,减少政府对企业经营的行政干预,引入预算硬约束,使企业承担所有的商业风险。

产权论只是强调了经理人因拥有产权而获得的剩余索取权收益的激励,但忽视了两权分离企业中的经理人同时还受到控制权收益的激励。控制权收益是指经营者获得的利润之外的所有收入及职务消费,控制权收益越高,经营者就越珍惜他的控制权。存在市场竞争时,控制权的稳定性就会受到威胁。企业一旦在竞争中失利,经营者就会丧失控制权。因此,面对市场竞争,经营者最理性的选择是努力工作,提高绩效。市场竞争越激烈,经营者的努力程度就越高。所以,即使在利润占有率不变的情况下,经营者也会提高努力程度。

2.1.6 超产权理论

产权私有化论为国有企业改革提供了一条路径,即通过变换产权的方式改变企业治理机制。但是,产权变换并不能够保证企业治理机制就一定能够变得有效率，竞争是保证治理机制得到改善的根本条件。传统产权论的一般结论是对剩余索取权的占有率越高，激励也越强。超产权论不认为剩余索取权激励与经营者努力程度有必然的正向关系。

在完全没有竞争的市场中，产品无替代性，经营者完全可以通过提高价格来增加利润，而这种"坐地收租"的方式不会刺激经营者增加努力与投入。由于忽略了竞争因素，该理论无法对许多现象做出解释。超产权论在此基础上进行了扩展，认为剩余索取权激励只有在市场竞争的前提下才能发挥其刺激经营者增加努力与投入的作用。

英国经济学家在对英国各类企业私有化前后的经营绩效进行综合评价和分析后发现，在竞争比较充分的市场上，企业私有化后的平均绩效有显著改善；而在垄断市场上，企业私有化后的平均绩效改善不明显。他们认为企业绩效与产权的归属变化没有必然关系，而与市场竞争程度有关系，市场竞争越激烈，企业为提高效率付出的努力程度就越高。有学者认为，企业效益主要与市场结构有关，即与市场竞争程度有关。竞争才是公司治理机制能够改善绩效的根本保证，竞争会迫使企业改善机制，提高效益。所以超产权理论认为，产权变化并不是企业治理机制改善、效益提高的充分条件，而只是企业改变治理机制的一种手段，要使企业改善自身治理机制，基本动力是引入竞争。

超产权理论把竞争作为激励的一个基本因素，其逻辑依据是 20 世纪 90 年代发展起来的竞争理论，包括竞争激励论、竞争发展论、竞争激发论与竞争信息完善论。竞争激励论指的是竞争能产生一种非合同式的"隐含激励"。这种隐含激励的动力来自三个方面。一是信息比较动力，竞争可以让有关经营者能力与努力程度的信息更加公开，从而能更有效激励和约束经营者。二是生存动力，完善的竞争会产生两种结局——"生存和发展"与"淘汰和死亡"。企业如不改善治理机制，它将面临被淘汰，要生存发展，就要不断创造有利于提高效益的治理机制。经营者为了生存，在面对竞争时只能发奋努力，提高效益。三是信誉动力，企业经营者的能力只有在竞争中才能体现出来，竞争为企业经营者的能力提供了信誉认可，竞争者的理性选择是多努力多投入。

2.1.7　交易成本理论对效率的解释

新古典经济学表明，只要存在充分弹性的价格机制，理性经济人的自愿交易就能够使各种资源的替代转换率等于各种资源市场价格的比率，此时社会资源配置就达到了帕累托最优状态，即资源配置效率最高。但实际上，市场的不确定性、有限理性和机会主义使交易成本犹如自然界的摩擦力，存在于经济活动的各个角落，因此现实中不存在帕累托最优状态。交易成本内生于一定的制度安排，而社会制度反过来又影响着交易成本。资金这一重要的生产要素在生产者和消费者之间流动需要一定的费用。对于一个给定的产出，交易费用的大小反映了交易的效率，节约交易成本实际上等于提高了效率。为了降低一个系统运行所需的交易成本，一个新的制度安排就应运而生。商业银行的诞生，实际上就在于商业银行信用能够降低交易成本，而银行效率的高低，关键是商业银行能否降低运行过程中的各种费用，比如商业银行与客户之间的外部交易成本，委托代理成本等内部交易成本。

2.1.8 信息不对称对效率的解释

在现实经济运行中,资金是在不同的要素生产者之间进行流转的,相比贷款者,借款者对其借款所投资项目的风险和收益水平掌握着比资金的最终供给者(储蓄者)更多的信息,而储蓄者对信贷用途信息知之甚少,所以产生了信贷市场上的逆向选择与道德风险问题。假如缺乏一个有效率的信用中介机构,由储蓄者和借款者直接进行信贷交易活动,则因信息不对称而造成的逆向选择与道德风险问题会变得非常严重,高昂的社会交易成本将使得信贷市场萎缩甚至消失。而金融中介机构,特别是其主体商业银行,正是作为这样一种信用中介机构产生和发展起来的。也就是说,商业银行这种金融中介机构的出现是为了减少借贷市场上的信息不对称以及由此造成的社会交易成本高昂现象。储蓄者之所以要把资金交到以商业银行为代表的金融中介机构手里,是考虑到作为代理人的金融中介机构具有信息优势,可对借款者实施差别对待,也就是根据相对风险的大小来对贷款进行定价,这样可降低借款人的逆向选择风险。此外,与零散的储蓄者相比,商业银行等金融中介机构处于比较有利的位置,能够监督和影响借款者在借款后的行为,这在某种程度上限制了道德风险的出现。换句话讲,商业银行作为一种降低信息不对称的制度安排,其出现本身就能提高经济活动的效率。从委托代理角度看,商业银行本身也处于委托代理链中,相对于借款者,它是委托人,而相对于储蓄者,它又是代理人,这也就是说商业银行本身也面临信息不对称带来的一系列问题的困扰。从根本上来说,尽可能地弱化信息不对称、最大限度地降低交易成本,是商业银行效率改进的源泉。

综上所述,新古典经济学关注生产成本最小化,而新制度经济学关心交易成本最小化;另外,由于新古典经济学和新制度经济学的效率标准面对的约束条件不一样,因而两者存在一定差别。具体来说,帕累托最优已经成为学术界普遍认可的效率标准,然而这一标准的理论意义似乎更强于其实践价值。它建立在交易费用为零和产权界定清晰的状态之上,在评价经济活动和制度演化时,其应用性不强。新制度经济学认为,理想条件下的帕累托最优是不可能实现的,现实世界中存在的只有次优状态,于是新制度经济学尝试提出更广义的效率标准用于经济规范。诺斯的"适应性效率"具有一定代表性,它"是一个随时间演进的各种规则,有助于社会去获取知识、去学习、去诱发创新、去承担风险、去开展所有有创造力的活动,以及去解决社会在不同时期的瓶颈"。

从本质上说,现代经济理论中的效率概念与新古典经济理论是一致的,其方法仍然是以数理推论和实证分析为主,并建立在一些严格的假设基础之上,并没有摆脱新古典经济学的分析框架。然而,正是上述对于效率与生产率理论的认识与发展带动了效率和生产率在实务工作中的运用。

2.2 商业银行效率理论与商业银行效率影响因素理论

2.2.1 商业银行效率理论

商业银行效率是指商业银行在业务活动中投入与产出或成本与

收益之间的对比关系，从本质上讲，它是商业银行对其资源的有效配置，是商业银行市场竞争能力、投入产出能力和可持续发展能力的总称。商业银行效率分为规模效率、范围效率、X效率；商业银行效率的测算是建立在同一背景下、同一基础上的，其效率值只是一个相对值。

规模效率指的是规模变化对效率的影响，因此又称为规模经济，可以从成本和利润两个角度来分析。从成本角度来看，规模经济指在生产规模扩大的情况下，由劳动分工、合作与团队效应、技术改进、技能和管理方面的改进带来的成本优势使得平均生产成本有所下降。若阿金·西尔韦斯特尔在《新帕尔格雷夫经济学大辞典》中将规模经济定义为在既定（不变）的技术条件下，如果在某一区间内生产的平均成本递减（或递增），那么就可以说具有规模经济（或规模不经济）。这一定义偏重于从技术角度来解释规模经济与规模不经济，它不仅限于生产领域，也适用于整个商业活动。

范围效率也称范围经济，是指如果一家厂商同时生产多种产品的支出小于多个厂商分别生产的支出，则存在范围经济。而商业银行范围经济是由于金融业资产专用性很低所产生的，由于商业银行资产专用性较低，商业银行资产可用来生产多种产品或提供多项服务，这不仅节省了人力成本，还减少了固定资产投资，当商业银行提供多种服务时，其成本可能大幅度降低，商业银行具有范围经济，这实际上也是金融机构开展混业经营的主要原因。

有学者提出X效率理论，认为X效率是一种与组织或动机有关的效率，也有学者将X效率定义为管理效率。与新古典微观经济学将企业和家庭作为基本的研究单位不同，X效率理论研究的基本单位是个人，而不是由个人组成的企业或家庭。X效率理论认为，企业并非完全理性的"整体"，也不具有充分的效率。由于组织或个人的原因，厂商组织中存在尚未利用的机会，而这种非市场化配置的无效率既不属配置原因，又不能归为动机或技术原因，莱宾斯坦将其定义为X无效率。X效率理论放弃了新古典经济学的行为最大化假设，核心命题是并非所有的企业都追求成本最小化，也就是说并非所有的企业都在它们的生产可能性边界上生产。这一命题的必然推论是，即使有利可图，企业也不一定会通过技术变革、加强管理等活动获取更大的利润。

有学者将商业银行的X效率定义为除规模经济和范围经济影响之外的所有技术效率和配置效率的总和，也有文献将采用前沿生产函数测算出的前沿效率直接定义为X效率。从测算结果来看，X效率指的是在一定产出下的实际成本与成本效率边界（用来描述最小生产成本函数）的偏离度，是对某一机构相对于行业内最佳表现的测度。从作用效果来看，X效率衡量了商业银行在成本控制和获取利润等管理能力上的差异，通过研究X效率可以评价商业银行委托代理成本的大小和员工的努力程度。

2.2.2 商业银行效率影响因素理论

1. 商业银行结构与效率

美国知名学者Allen Franklin和Douglas Gale在他们的经典论文和著作中指出，想要优化商业银行结构（可用银行数目来近似表示），需要对效率和风险进行权衡。

假设存在n个商业银行，用$i=1, 2, \cdots, n$表示。为了更好研究竞争与商业银行涉险行为，本书假设商业银行可以选择一个风险完全关联的资产组合作为投资对象（注意，前面两节简单假设商业银行可投资于收益率为 r 的投资工具），即所有投资的风险可分解为共同的系统性风险和异质性风险。在该假设下，如果投资数目足够大，异质性风险就可以被完全消除，这样我们只需关注其中的系统性风险。

可以用规模和收益率来刻画不同的资产组合，与经典的商业银行模型一致，商业银行投资的回报服从二项式分布，商业银行投资 1 美元，将以概率 $p(r_i)$ 获得回报 r_i，以概率 $1-p(r_i)$ 获得 0 回报。函数 $p(r)$ 具有如下性质：

$$p(0)=1, p(\bar{r})=0; p'(r)<0, p''(r)\leq 0, \forall 0<r<\bar{r} \qquad (2-1)$$

商业银行通过选择项目的目标收益率确定其投资风险水平。目标回报越高，成功的概率越低，$p'(r)<0$，成功概率的下降速度也越快，$p''(r)\leq 0$。由于我们假设投资具有完全关联性，因此单个投资与组合投资具有相同的回报分布。

存款人的资金供给是一条向上倾斜的曲线，这样，$r_D(D)$ 满足以下条件：

$$r'_D(D)>0, r''_D(D)>0, r_D(0)=0, r(\infty)=\infty \qquad (2-2)$$

这样，我们就可以将商业银行的目标函数写为（考虑二项式收益分布的商业银行目标函数）：

$$\pi_i = p(r_i)D_i[r_i - r_D(D)] \qquad (2-3)$$

公式（2-3）的表述存在一个潜在假设，即所有的存款都是被保险的，所以在计算商业银行的净回报时存款保险的成本是被忽略的。由于商业银行可以通过使 $D_i = 0$ 保证非负利润，在均衡情况下，商业银行必须根据最大化条件选择一个严格正的序列（r_i, D_i），其一阶条件（FOC）为：

$\frac{\partial \pi_i}{\partial D_i} = 0$，$\frac{\partial \pi_i}{\partial r_i} = 0$，这样可以得到如下方程：

$$D_i: p(r_i)[r_i - r_D(D) - D_i r'_D(D)] = 0$$
$$r_i: p'(r_i)D_i[r_i - r_D(D)] + P(r_i)D_i = 0$$

假设均衡是对称的，可以写成 $D = nd$，$r = r_i$，这样上式就可以改写为：

$$r - r_D(nd) - dr'_D(nd) = 0$$
$$p'(r)[r - r_D(nd)] + p(r) = 0 \qquad (2-4)$$

这样可以得到风险与商业银行数目之间的关系：

$$-\frac{p(r)^D}{P'(r)} = r - r_D(Nd)^U = dr'_D(Nd) \qquad (2-5)$$

再者，根据公式（2-1），我们可以得到：

$$\frac{\partial}{\partial r}\left[-\frac{p(r)}{p'(r)}\right] = -\left\{\frac{[p'(r)]^2 - p(r)p''(r)}{[p'(r)]^2}\right\} < 0 \qquad (2-6)$$

结合公式（2-5）和公式（2-6）的结果，可以知道当 $r < r'$ 时，$dr'_D(nd) > d'r'_D(nd')$，再根据公式（2-2），可以得到 $d > d'$，$r_D(nd) > r_D(nd')$。很显然，以上两点说明 $r - r(nd) < r' - r(nd')$，而这与公式（2-5）存在矛盾。由此可以推出对称均衡状态下，以上最优化

求解只存在唯一解（r^*，D_i^*）。

下文，我们来分析竞争对商业银行涉险程度的影响。在固定资金供给计划 $r_D(\cdot)$ 的情况下，最有可能的是当 N 增加时，存款的容量仍然有界。更确切地说，假设当 $D \to \infty$ 时，$r_D \to \infty$，这显然是存款无界的情况，意味着当 $n \to \infty$ 时，$d \to 0$。反过来，这也暗示了 $r_D'(nd)d \to 0$，这样，我们马上能得到 $r - r_D(nd) \to 0$，$p(r) \to 0$。

以上推导说明，引入竞争的结果是每家商业银行相对于资金供给市场更加渺小，这反过来降低了商业银行决策中价格效应的重要性。结果，只要利润是正的，商业银行就会增加其业务量，最终使得其利润趋于 0，而这意味着商业银行有极大的动力去冒险。因此，Allen 和 Gale 的模型说明，当商业银行数目越多（趋于无穷），商业银行越愿意选择风险更大的投资项目，以获得更多的利润。以上是 Allen 和 Gale 模型的基本框架和基本结论，在对模型进行的扩展研究中，他们也得到了类似的结论。比如引入复制市场效应时，即通过改变资金供给曲线特征，令 $r_D = r_D\left(\dfrac{D}{N}\right)$，具体求解过程与上面类似，他们也证明了当商业银行数目增加时，商业银行将会选择风险更大的投资项目。

上述结论对于我们思考商业银行业的结构十分重要。如果商业银行业政策的中心目标之一是保持金融系统稳定，那么由几家大银行控制的商业银行体系的稳定性将更高。这也就是说，在一定程度上商业银行的规模与数目同金融系统的稳定性存在关系，因而竞争政策与金融稳定可能存在冲突。对于我国来说，目前四大国有商业银行的集中度过高，虽然它们在竞争程度上可能比不上美国的商业银行，但在维持金融系统稳定方面，它们发挥着巨大的作用。因此可以说，虽然我国商业银行业高度集中，但正是这种格局给我国商业银行业乃至整个金融部门带来了稳定性。

2. 商业银行业可竞争市场理论

根据鲍莫尔、斯宾塞等人的原始模型，我们可以发现可竞争市场理论的模型是非常简洁的，本书将在泰勒尔和马丁的模型基础之上，结合商业银行业的特征给出商业银行业的可竞争模型。假设存在 n 个在位银行和 $m-n \geqslant 0$ 个"潜在进入者"。商业银行产业格局由在位者的产量，即各自的存款总量 $\{D_1, D_2, L, D_n\}$，和所有在位者的价格 $\{r_D^1, r_D^2, K, r_D^n\}$ 刻画。可竞争市场理论的商业银行业版本可以从如下三个方面进行表述，如图 2.1 所示。

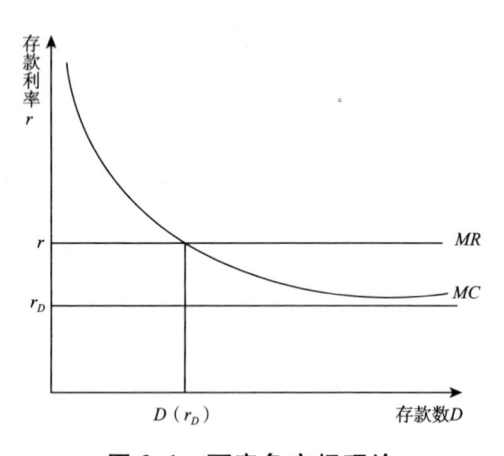

图 2.1 可竞争市场理论

第一，商业银行产业格局可以用向量 $(n, D_1, D_2, L, D_n, r_D)$ 表示，n 表示在位的商业银行数，D_i 代表商业银行 i 吸收的存款总量，r_D 是存在 n 个在位商业银行时的市场出清存款利率：

$$D(r_D) = \sum_{i=1}^{n} D_i = D_1 + D_2 + L + D_n \tag{2-7}$$

第二，如果该格局是可行的，储蓄的供给大于需求，则没有企业会亏损，即 $rD_i \geq C(D_i) = r_D D_i + F$。

其中，r 是商业银行的投资收益率；$C(D_i)$ 为商业银行 i 吸收 D_i 存款的总成本；F 为商业银行设立的固定成本。商业银行利润非负的要求为 $D_i(r-r_D) - F \geq 0$。

第三，如果该格局是可持续的，则该格局不仅是可行的，而且没有潜在的进入者可以通过提高存款利率获得收益，即不存在存款利率 $r_D^e \geq r_D$ 和产量 $D_e \leq D(r^e)$，使得 $rD_e \geq C(D_e) = r^e D_e + F$。

从上面三个定义关系可以看出，商业银行业可竞争市场状态下存在如下结论：每个在位商业银行都能获得零利润，商业银行利率决策标准是边际收益等于边际成本。想要证明该结论非常简单，如果在位商业银行存在正的利润，则潜在的进入者可以通过复制在位者的行为，并通过存款利率的微小上调获得利润，而这与刻画条件的第三点存在矛盾。该结论说明了即使商业银行业存在少数几个在位者，潜在竞争者的存在也将改进商业银行业效率。

然而，正如鲍莫尔自己所指出的，上述结论受限于其静态比较特性。因此，有必要从动态角度进行分析。在动态情境下，我们可以知道，潜在竞争者的进入和退出速度（行业壁垒）将是可竞争市场的关键。以完全可竞争市场为例，如果产业进入和退出没有障碍，潜在进入者就可以采用"打了就跑"（hit-and-run）的策略：如果现有厂商的定价行为提供了一个利润获取机会，潜在进入者就会迅速进入，并在厂商做出价格反应前毫发无损地退出。为使进入者不再有盈利机会，完全可竞争的产业均衡必须具备无超额利润、有效率定价等特征。不论市场上是只有一个厂商，还是有许多活跃厂商，完全可竞争市场总是具有这些特征。正是来自潜在进入者的潜在竞争，而不是现有厂商之间的竞争，才能够对这个市场上厂商的均衡行为产生有效约束。因此，可竞争市场理论的关键在于市场反应速度，这包括两个方面的内容：一是在位者采取"击打策略"的速度；二是潜在进入者的进出速度。本文将通过一个简单模型对此进行说明。

施瓦茨模型很好地刻画了市场反应速度对潜在竞争者进入和退出市场的影响机制。首先，我们假设市场中存在一个垄断银行（实施垄断定价）和若干潜在进入者，潜在进入者进入商业银行业市场时必须产生的固定成本为 F，并且该固定成本将伴有一次性租金成本 rF，另外，我们假设潜在进入者进入商业银行业市场，他在商业银行业持续经营时间为 X。在潜在进入者进入市场之后，他们可以切断已有垄断者的利润。当 $T<X$ 时，在位商业银行可以对进入者做出反应，并降低所提供服务的价格，一旦在位商业银行采取了这种"击打策略"，新进入的商业银行将损失 rF。由于存在这些损失，进入者将在时间 X 退出商业银行市场。潜在进入者进入商业银行业市场到其退出的过程中，新进商业银行的收入流如下：

$$V = \pi_m \int_{t=0}^{T} e^{-rt}dt - rF \int_{t=T}^{x} e^{-rt}dt \qquad (2-8)$$

公式（2-8）中的第一项表示的是在位商业银行采取"击打策略"之前新进商业银行获得的收入，其中 π_m 为在位商业银行获得的垄断利润，因此第一项为正，并且随着 T 的变大而增大；公式（2-8）

的第二项为在位商业银行采取"击打策略"之前新进商业银行的支出,并随着 T 的变大而减小。

通过积分可以得到:

$$V=(1-e^{-rT})\frac{\pi_m}{r}-(e^{-rT}-e^{-rX})F$$

为了求解 T 对 V 的影响,对上式求导可得:

$$\frac{\partial V}{\partial T}=(\pi_m+rF)e^{-rT}>0 \qquad (2-9)$$

根据公式(2-8),当 $T=X$ 时,V 为正值;而当 $T=0$ 时,V 为负值。再根据公式(2-9)可得,存在一个使 $V=0$ 的 T^* 值,当在位商业银行的反应参数 $T=T^*$ 时,进入者的收益将小于等于0,在这种情况下,利润最大化的潜在进入者将不会进入市场。这样,我们可以得到如下结论:

$$\begin{cases} V>0 & T>T^* \\ V=0 & T=T^* \\ V<0 & T<T^* \end{cases} \qquad (2-10)$$

因此,当 T 足够小时,V 将为负值,即如果在位商业银行迅速对新进入者采取"击打策略",新进入者的收入现值将为负值。在收入现值为负值的预期下,即使可以获得暂时性的垄断利润,从长远来看,潜在的竞争者也不会进入。

该结论虽然是立足于在位商业银行"击打策略"速度,但其中却存在一个隐含的假设,即新进入者具有快速进入和退出速度。有学者认为,固定成本可以作为进入壁垒弱化竞争,使在位垄断者获得垄断利润的同时不必担心受到进入威胁。然而，可竞争市场理论认为即使存在固定成本，在位者仍然会受到潜在进入者的威胁，因此，固定成本并不一定弱化竞争，正如上一部分模型中所展示的，固定成本并没有在本质上改变"打了就跑"的市场作用机制。相反，可竞争市场理论认为，市场是不是可竞争的，仅仅取决于是否存在沉没成本。为了更好地理解可竞争市场理论，下文我们对沉没成本的含义进行说明。

目前，对沉没成本的定义有很多，根据鲍莫尔等人的论述，可以通过如下方式界定沉没成本。首先，如果 Y 是产出向量，I 是投入向量，下面的 C_L 表示的是长期总成本函数：

$$C_L(Y,L) = \delta F(I) + V(Y,I) \quad \delta = \begin{cases} 0 & Y=0 \\ 1 & Y>0 \end{cases}$$

$$\lim_{Y \to 0} V(Y,I) = V(0,I) = 0$$

$F(I)$ 就是长期固定成本。在上式中，$V(\cdot)$ 对于投入和产出都非递减。接下来，再定义短期成本函数 $C(Y, I, T)$，它表示未来 T 单位时间内将发生的成本。这样，如果满足如下条件，则称 $K(I, T)$ 为 T 单位时间内的沉没成本：

$$C(Y,I,T) = K(I,T) + G(Y,I,T)$$

$$G(0,Y,T) = 0$$

根据这样的定义，我们可以得到结论：长期内是没有沉没成本的。该结论用公式表述如下：

$$\lim_{T \to \infty} K(I,T) = 0$$

根据这样的沉没成本定义及在此基础上得到结论,我们可以认为,成本是否沉没取决于投资类型和时间跨度,而从长期均衡的角度来看,不存在沉没成本。

3. 经典产业组织理论视角下的最优银行数目

以 SCP 范式("结构-行为-绩效"范式)为核心的经典产业组织理论认为,市场结构将影响企业行为,并最终决定企业绩效。市场结构存在四种类型:完全竞争、垄断竞争、寡头竞争和完全垄断。以上四种市场结构的产业竞争程度不断降低,社会福利损失不断变大。我们假设银行的反需求函数为 $r(D) = \alpha - \beta D$,其中 r 为银行服务的价格,D 为银行服务的总量;银行服务是同质的,并且具有相同的边际成本 c。这样,在完全垄断市场中,单一银行的产量决策即为最大化利润,$\max \pi_M = D(\alpha - \beta D) - cD$;其最优产量和价格为:

$$D^M = \frac{\alpha - c}{2\beta}, r^M = \frac{\alpha - c}{2} \tag{2-11}$$

现在,假设存在一个双寡头垄断的银行业市场,市场参与者分别为 A 银行与 B 银行,并假设银行间不存在价格合谋行为。基于上述条件,我们可以得到两家银行的利润函数,分别为:

A 银行:$\pi_a = r_a d_a - c d_a$

B 银行:$\pi_b = r_b d_b - c d_b$

由于只存在两家银行,故 $D = d_a + d_b$,于是得到两家银行利润最大化的一阶条件:

A 银行：$\dfrac{\partial \pi_a}{\partial d_a}=\alpha-2\beta_a d_a-\beta d_b-c=0$

B 银行：$\dfrac{\partial \pi_b}{\partial d_b}=\alpha-2\beta_b d_b-\beta d_a-c=0$

通过求解联立方程，我们可以得出两家银行的利润最大化产量：

A 银行为 $q_a^*=\dfrac{\alpha-c}{3\beta}$，B 银行为 $q_b^*=\dfrac{\alpha-c}{3\beta}$，

同时，A、B 银行服务的价格均为 $r_{a/b}=\dfrac{\alpha+2c}{3}$。

由于价格和产量均不能为负值，我们可以得出 α>c。因此，双寡头垄断模型的产量及价格分别为：

$$D^0=d_1+d_2=2\dfrac{\alpha-c}{3\beta},\ r^0=\dfrac{\alpha+2c}{3} \qquad (2-12)$$

对比公式（2-11）和公式（2-12）可以发现，在双寡头垄断模型中，如果厂商之间没有合谋行为，那么在满足我们假设条件的情形下，整个银行产业将以较低的价格提供更多的银行服务。也就是说，在双寡头垄断模型中，社会福利得到了帕累托改善，单一厂商的垄断行为损害了社会福利。如果将双寡头垄断模型推广至具有 n 个厂商的银行产业，同样可以得出单一商业银行的均衡产量 $d_n^f=\dfrac{\alpha-c}{(n+1)\beta}$，整个行业的产出水平为 $D_n^f=\dfrac{n(\alpha-c)}{(n+1)\beta}$，当 n 趋近于无穷大时，行业产量为 $D^f=\dfrac{\alpha-c}{\beta}$，大于双寡头垄断模型下银行的产量水平。

这说明，在满足我们假设条件的基础上，完全竞争的商业银行业市场将会实现经济社会福利的最大化，在商业银行集中与竞争捆绑的前提下，商业银行数目越多，社会福利水平越高。因此，经典产业组织理论认为应该尽量增加商业银行数目。

上述经典产业组织理论为我们提供了市场结构、市场行为和市场绩效之间的一般因果关系。上述因果逻辑决定了不少国家对商业银行业的竞争态度，以美国为例，在商业银行业中引入竞争已经成为一种传统。1986年，美国赛内特银行委员会主席普罗克斯·迈尔曾经发出这样的感慨："美国商业银行业的骄人之处在于竞争，竞争越激烈越好。"在美国商业银行业的发展历程中，商业银行在地理上的扩张以及多元化投资的能力都受到相关法律法规的限制。然而，很多学者指出，上述关系的成立依赖于一个重要的潜在假设：商业银行业竞争同其他产业的竞争是一样的。支持竞争的观点大多来自产业组织理论文献，它们将竞争保证成本最小化的逻辑移植到商业银行业竞争中，认为商业银行的服务价格同样适用该逻辑。另外，笔者认为传统的产业组织理论将集中与竞争进行了捆绑，即用集中程度（企业数目）去度量竞争。根据迈克尔·波特的竞争模型，竞争来源于五个方面，分别是供应商、顾客、潜在竞争者、替代品以及产业内竞争者，简单地用企业数目去界定产业竞争格局是不全面的。

2.3　效率测算方法

2.3.1　前沿理论概述

经济学生产理论经常采用生产可能集和生产前沿面描述企业的

效率状况。生产可能集是在既定的技术水平下所有可能的投入产出向量的集合，生产前沿面则是在既定技术水平下有效率的投入产出向量的集合，即投入一定情况下的产出最大值或产出一定情况下的投入最小值的集合。对技术有效性的研究始于1951年，技术有效的定义为，如果在不减少其他产出（或增加其他投入）的情况下，技术上不可能增加任何产出（或减少任何投入），则该投入产出向量是技术有效的，技术有效的所有投入产出向量的集合构成生产前沿面。对技术效率进行系统研究的是英国剑桥大学的经济学家法瑞尔，他指出，技术效率是指在生产技术和市场价格不变的条件下，按照既定的要素投入比例，生产一定量产品所需的最小成本与实际成本的百分比。勒宾森则从产出角度给出技术效率的定义，即技术效率是指实际产出水平与在相同的投入规模、投入比例及市场价格条件下所能达到的最大产出量的百分比。Lau 和 Yotopoulos 提出相对技术效率的概念，在投入一定的情况下，如果一个企业的产出比另一个企业的产出高，那么它具有较高技术效率。

由以上定义可知，技术效率是用来衡量现有技术水平下，生产者获得最大产出（或投入最小成本）的能力，表示生产者的实际生产活动接近生产前沿面的程度，反映了现有技术的发挥程度。由于实际值可以直接观测，因此度量技术效率的关键是确定生产前沿面，所以生产前沿面理论的产生与发展在技术效率理论中尤为重要。

1. 基于生产前沿理论的效率测算：技术不变

在图2.2（a）中，假设使用两种投入要素来生产一单位的产品，SS'是所有决策单元中投入最小的单元所组成的生产前沿面，Q点是OP和SS'的交点，Q'是投入品的价格约束线AA'与SS'的切点。

(a) 投入角度

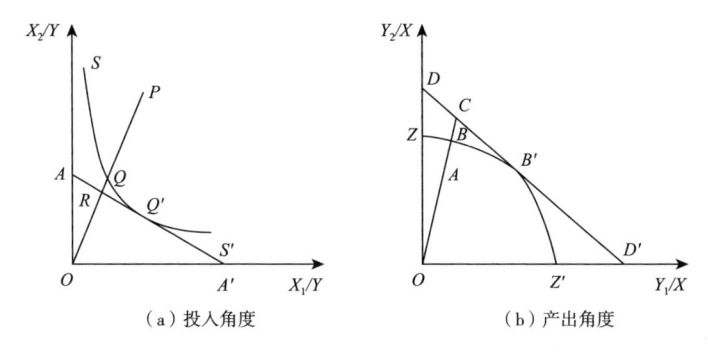

(b) 产出角度

图 2.2 基于生产前沿面的效率测算

某经济体使用一个投入组合（由 P 点定义）来生产一单位的产出，为了使投入最小，在现有技术条件下，投入应该缩减到 Q 点，即同样的产出能通过缩减投入（退回到 Q 点）来实现，所以技术效率（TE）由 OQ/OP 来定义。但最小成本投入组合是通过 Q' 点反映的（这点的边际技术替代率等于投入的价格之比 w_2/w_1），所以从资源配置的角度看，同样的产出还能通过进一步缩减投入即由 Q 退回到 Q' 点来实现，所以配置效率（AE）由 OR/OQ 来定义。成本效率（CE）是技术效率与配置效率之积，即 $CE = TE \times AE = OR/OP$。

在图 2.2（b）中，假设使用一单位投入要素来生产两种产品，ZZ' 是所有决策单元中产出最大化的单元所组成的生产前沿面，B 点是 OC 和 ZZ' 的交点，B' 是投入品的价格约束线 DD' 与 ZZ' 的切点。某经济体使用一单位的投入要素来生产产出组合（由 C 点定义），为了使产出最大化，在现有技术条件下，生产能进一步扩大到 B 点，所以技术效率 TE_0 由 OA/OB 来表示。在产出不变的情况下，最小成本投入组合是由 B' 点反映的（这点的边际技术替代率等于两种投入要素的价格之比 w_2/w_1）。从资源配置的角度看，同样的产出还能进一步缩减投入，所以配置效率 AE_0 由 OB/OC 来表示。总的经济效率（EE_0）是技术效率与配置效率之积，即 $EE_0 = TE_0 \times AE_0 = OA/OC$。

2. 基于生产前沿理论的效率测算：技术进步

图 2.2 所描述的经济效率及其分解最早是由 Farren 提出来的，这里有一个重要的假设，即不存在技术进步，所以生产前沿面没有发生变化。虽然我们早就认识到技术进步能促进效率的提高，许多文献也进行了相关的实证研究，但如何利用生产前沿理论，解释技术进步对效率的影响以及存在技术进步时如何对经济效率进行分解，据笔者所知，还没有出现相关的文献。

本书拟放松这个假设条件，并从产出的角度进行拓展。当存在技术进步时，经济效率会发生怎样的变化，经济效率是如何进行分解的？

图 2.3 由图 2.2 演化而来，因为存在技术进步，生产前沿面由 ZZ' 外推到 VV'，产出由 A 扩大到 F，资源之间的相对价格没有发生变化，价格约束线由 DD' 平移到 EE'。利用类似的方法，可得到技术效率 $TE_1 = OF/OG$，配置效率 $AE_1 = OG/OH$，经济效率 $EE_1 = TE_1 \times AE_1 = OF/OH$。现在的问题是产出由 A 扩大到 F，这是由哪些因素引起的？从图 2.2 不难发现：

$$OF/OA = (OG/OB) \times \left(\frac{OF/OG}{OA/OB} \right) \quad (2-13)$$

由公式（2-13）可知，有两个因素扩大了产出进而使生产率得到提高。一是技术进步使生产前沿面外移，可用 OG/OB 来衡量；二是技术效率的相对变化，即 $\dfrac{OF/OG}{OA/OB}$。

如果技术效率没有提高，即 $OF/OG = OA/OB$，则生产率的提高完全是由技术进步推动的；如果技术效率也有所提高，即 $OF/OG>OA/OB$，则生产率的提高是由技术效率和配置效率两者共同推动的。特别要指出的是，如果技术效率 TE_1 和配置效率 AE_1 没有提高，即 $OF/OG \leq OA/OB$，$OG/OH \leq OB/OC$，则总的经济效率也没有提高，即 $EE_1 \leq EE_0$，这种错觉完全忽视了技术进步的推动作用，在实证研究中要引起注意。

3. 存在技术进步和规模效率时全要素生产率的分解

利用图 2.3 测算效率时虽然引入了技术进步因素，但没有考虑规模报酬效应；如果同时引入技术进步和规模报酬，就需要利用图 2.4 对全要素生产率的增长进行分解。生产函数由 $Y=F(X)$ 变为 $Y=G(X)$，说明技术在进步；生产函数构成一个生产前沿面，在既定技术的前提下，生产前沿面上的点，比如 F、H 的效率为 1；射线 OD、OE 上的点表示规模报酬不变；如果投入由 OU 增加到 OV，则产出由 UB 增加到 VG。

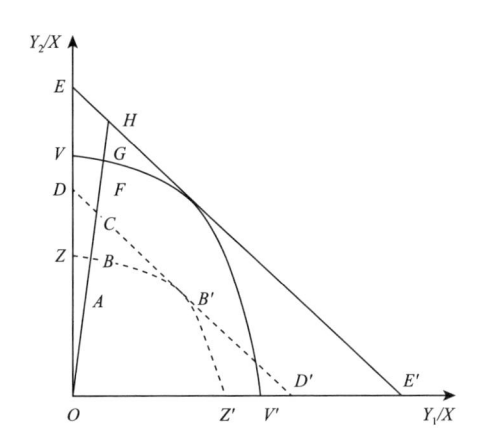

图 2.3　存在技术进步时的效率测算　　图 2.4　全要素生产率的分解

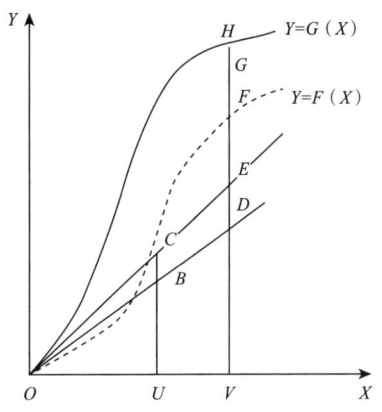

很明显，$\dfrac{OU}{OV}=\dfrac{UB}{VD}$，所以产出由 UB 增加到 VD 是由要素投入增加引起的。

在初始投入 OU 时，产出由 B 向 C 移动即向前沿面逼近时，这是由技术效率提高所引起的；而 UC/UB＝VE/VD，所以产出从 VD 增加到 VE，同样是技术效率提高的结果。而产出从 VE 增加到 VF，是由规模报酬递增即规模效率提高所引起的；产出从 VF 增加到 VG，则是由前沿面的移动即技术进步所引起的。

综上所述，$\dfrac{VG}{UB}=\dfrac{VD}{UB}\times\dfrac{VE}{VD}\times\dfrac{VF}{VE}\times\dfrac{VG}{VF}$，生产率的提高是由四个因素引起的：要素投入增加即 $\dfrac{VD}{UB}$，技术效率提高即 $\dfrac{VE}{VD}$，规模报酬递增即 $\dfrac{VF}{VE}$，技术进步即 $\dfrac{VG}{VF}$。

Farrell 随后将简单的双因素成本分析扩展到多因素成本比较，其原始模型是生产前沿面理论的基础，而生产前沿面理论是进行效率测算和分解的基础，所以如何确定生产前沿面是进行效率测算和分解的关键。在此后的几十年间，确定生产前沿面的研究方法层出不穷，但主要有两大类：非参数方法（Non Parametric Estimation Method）和参数方法（Parametric Estimation Method）。

2.3.2 随机前沿法（SFA）

参数方法包括随机前沿法（Stochastic Frontier Approach，SFA）、自由分布方法（Distribution Free Approach，DFA）和厚前沿法（Thick Frontier Approach，TFA），其中随机前沿法是最基本、最重要的参数法。

随机前沿生产模型最初由 Aigner、Lover、Sehmidt、Meeusen 以及 Van den Broeek 提出，并很快成为计量经济学中一个引人注目的分支。随机前沿生产模型假定企业由于各种组织、管理及制度等非价格性因素在生产过程中出现效率的损耗，而达不到最佳的前沿技术水平。Nishinizu 和 Page（1982）首次提出将全要素生产率（TFP）的增长分解成前沿技术变化和相对前沿技术效率的变化。此后，许多研究都沿用他们的方法分析全要素生产率的增长。多数文献在利用随机前沿法时，以测算规模效率、范围效率和 X 效率为主，而忽视了对技术进步、配置效率的测算，为弥补这一缺陷，本书在 Kunbhakar（2000）研究的基础上，利用随机超越对数函数模型，将图 2.2 和图 2.3 提到的全要素生产率的增长分解为四个方面：（1）前沿技术进步；（2）相对前沿技术效率的变化；（3）资源配置效率的改善；（4）规模经济性的改善。

根据 Kumbhakar（2000）的分析，全要素生产率增长的分解涉及六个概念：全要素生产率、前沿技术进步、相对前沿的技术效率、相对前沿技术效率的变化率、资源配置效率以及规模经济性。

实际产出、前沿产出和相对前沿技术效率三者之间的关系为：$y_{it}=f(x_{it})e^{(-M_{it})}$。其中，$y_{it}$ 是公司 i（$i=1,2,\cdots,N$）在第 t 期的实际产出（$t=1,2,\cdots,T$），x_{it} 是投入要素向量，$f(x_{it})$ 是随机前沿生产函数中的确定性前沿产出部分，t 是测量技术变化的时间趋势变量。

1. 前沿技术进步（FTP）

将对数形式的前沿生产函数 $f(x_{it})$ 对时间趋势 t 求导，得到：

$$\frac{d\ln f(x,t)}{dt}=\frac{\partial \ln f(x,t)}{\partial t}+\sum_j \frac{\partial \ln f(x,t)}{\partial (x_j/x_j)}\times \frac{d(x_j/x_j)}{dt} \quad (2-14)$$

公式（2-14）右边第一项为前沿技术进步（FTP），表示在投入要素保持不变的条件下产出随时间的变化率，第二项衡量了投入要素增长所导致的前沿生产函数产出的变化。

运用要素 j 的产出弹性表达式 $\varepsilon_j=\frac{\partial \ln f(x)}{\partial \ln x_j}$，第二项可以表达为 $\sum_j \varepsilon_j \dot{x}_j$，$\dot{x}_j$ 是 x_j 的变化率，即 $\dot{x}_j=\partial \ln x_j/\partial t$，公式（2-2）变为：

$$\frac{d\ln f(x,t)}{dt}=FTP+\sum_j \varepsilon_j \dot{x}_j \quad (2-15)$$

2. 技术效率（TE）及其变化率

技术效率（TE）是指在某一技术水平下，某一组要素投入得到的实际产出水平与相应要素投入下的前沿技术产出水平之间的比例，TE 反映了一个企业在特定技术和要素投入规模下实际产出与最大可能产出之间的差距。前沿生产函数是衡量技术效率的基准，所以技术效率也称为相对前沿技术效率。

定义产出增长率为 $\dot{y}=d\ln \dot{y}/dt$。对 $y_{it}=f(x_{it}) e^{(-M_{it})}$ 两边同取自然对数，然后对时间趋势 t 进行全微分，并利用公式（2-15）将产出增长率分解为前沿技术进步、投入要素增长对产出增长的贡献及相对前沿技术效率的提高：

$$\dot{y}=\frac{d\ln f(x,t)}{dt}-\frac{du}{dt}=FTP+\sum_j \varepsilon_j \dot{x}_j-\frac{du}{dt} \quad (2-16)$$

定义相对前沿技术效率的变化率为 $\dot{TE}=-\frac{du}{dt}$。

3. 全要素生产率增长的分解

按照增长核算法，全要素生产率的增长为：

$$\dot{TFP} = \dot{y} - \sum_j S_j \dot{x}_j \qquad (2-17)$$

其中，S_j 是要素 j 在要素总成本中的份额，且有 $\sum S_j = 1$。在利润最大化条件下，要素的产出弹性值应该等于要素的费用份额，这就是使用增长核算方法计算全要素生产率增长的理论依据。实际上，产出弹性和要素的费用份额可能不相等，这就是资源配置效率问题。

4. 配置效率（AE）以及规模经济性（SE）

将公式（2-16）代入公式（2-17），经过适当的变换得到：

$$\begin{aligned}\dot{TFP} &= FTP - \frac{du}{dt} + \sum_j (\varepsilon_j - S_j) \dot{x}_j \\ &= FTP - \frac{du}{dt} + \sum_j (\lambda_j - S_j) \dot{x}_j + (RTS-1) \sum_j \lambda_j \dot{x}_j \end{aligned} \qquad (2-18)$$

其中，$\lambda_j = \varepsilon_j / \sum \varepsilon_j = \varepsilon_j / RTS$，是前沿生产函数中要素 j 投入的相对产出弹性，有 $\sum \lambda_j = 1$。这样转换的目的是使相对产出弹性 λ_j 与相对费用份额 S_j 具有可比性，从而能够衡量资源配置效率。$RTS = \sum \varepsilon_j$，表示规模总报酬的大小。公式（2-18）右边的最后两项衡量了要素对生产率增长的两大效应：配置效率（AE），即要素投入结构的变化对生产率增长的贡献；和规模经济性（SE），即要素的规模报酬对生产率增长的贡献：

$$AE = \sum_j (\lambda_j - S_j) \dot{x}_j ; \quad SE = (RTS-1) \sum_j \lambda_j \dot{x}_j$$

总之，公式（2-18）中 TFP 的增长可以分解为前沿技术进步、相对前沿技术效率提高、要素资源的配置效率以及规模经济性四个部分。

2.3.3 效率测度模型中投入与产出变量的界定

银行效率评价的参数法和非参数法均需事先确定投入产出指标，合理地定义银行投入、产出是正确分析银行效率的关键。Berger 和 Humphrey（1991）曾对以往的研究文献进行梳理，他们将有关银行投入、产出项的不同界定总结为中介法、资产法、附加价值法、生产法、用户成本法以及现代方法等六种方法。

1. 生产法

生产法由 Benston、Bell 和 Murphy 提出，该方法把金融机构的经营活动类比为企业的一般生产过程，强调其作为金融服务提供者的角色，认为其在给储户提供流动性、保管以及偿还资产等服务的同时还获得了与之相关联的附加值收益。在分辨银行的投入、产出项时，生产法将能够产生利润的项目（如各类金融服务的户数或件数）视为产出，将需要净支出（如投入的各种人力、物力、财力所对应的成本和费用）的项目视为投入。应用生产法来确定银行的投入、产出项目时，单位时间内各类业务的交易量被定为衡量标准，如此可以剔除通货膨胀的影响，同时也不用计算支出的利息费用，这在研究区域分支机构的经营情况时具有适应性和直观性的优势；但是，应用生产法所带来的缺陷也是明显的，由于不同类型、不同主体的服务账户的真实成本截然有别，把服务数量作为衡量标准会显得过于简单。

2. 中介法

中介法由 Sealey 和 Lindley 提出，Benston、Hanweck 和 Humphrey 对其做了进一步发展，其后该方法被大量运用于对商业银行效率的研究。与生产法相对应，该方法强调金融机构作为存款人与投资人的资金中介的角色，认为商业银行会投入人力和物力，并以中介的身份将吸纳的资金转贷或投资。在辨认与划分时，中介模型的投入项由生产成本（劳动力和资产成本）与用于转贷的借入性资金的成本构成，包括存款、利息支出、劳动力以及有形资产成本等所带来的运营耗费，而产出项则为贷款资金和连带业务（后者处于主体中介过程的范围之外），主要包括各类贷款、投资的货币金额。在应用中介法进行银行效率测度的有关研究中，产出项上的衡量标准由账户数量（件数）转为货币金额，投入项上增加了利息费用，在调整价格影响的条件下此法相对更为科学、合理，但美中不足的是，银行等金融机构开展业务时面临的风险（或潜在损失）依旧未被纳入考虑范围，这显然还有待改进。

3. 资产法

资产法是中介法的一类变种，其主要特征是按照资产负债表的项目划分来确定投入、产出变量，由此存款被作为商业银行的投入要素之一，而贷款和投资则为主要的产出项。具体计量上，商业银行的产出变量以相应贷款和投资的货币金额衡量，商业银行的投入变量则为劳动力、资本和存款等。

4. 附加价值法

附加价值法与生产法较为类似，其重要特征是把某一要素对于商业银行价值创造的重要程度作为评判其所属类别（投入还是产出）的主要标准，而反对以绝对的方式来对投入要素进行划分。一般意义上，该方法往往将劳动力、有形资本和购入资金确定为投入项，而将贷款、活期存款和定期存款等产生高附加值的活动作为产出项（Berger & Humphrey, 1991）。在具体计量方面，附加价值法以货币金额作为衡量产出的单位，而劳动、资本则被视为商业银行的投入项。

5. 用户成本法

用户成本法由 Hancock 提出，出于修正的目的，该方法采用某一业务（项目）在金融机构经营过程中所产生的净值（或使用者成本）作为衡量业务的核心标准。如果金融项目能够带来正的净收入，表明其收益大于成本，随着此项业务的开展银行利润会上升，那么该项目则应当被视为产出；与之相对应，如果某一金融项目的成本大于收益，该项目的增加意味着可预期的商业银行利润为负，则该项目应当被视为投入。

Hancock 进一步指出，随着利率的变化，用户的成本也将发生变化，对商业银行来说，一个时期的某项产出在下一时期可能就变成投入，因而投入、产出不具有稳定性。同时对单个负债项目而言，很难度量其边际收入和边际成本，这也使得对投入、产出的确定可能存在较大的误差，因此直觉上让人满意的讨论结果往往在实践中是靠不住的。

6. 现代方法

现代方法的创新之处在于将风险、信息以及代理问题等要素引入传统的理论框架中加以分析和讨论，Mester 曾经提出这种思想，随后 Hughes 和 Mester 的一系列论文研究了商业银行资产质量、成本预算中商业银行破产的概率、商业银行经营者以及股票持有者风险偏好的影响，指出对商业银行经营者风险中性假定的放松会导致其在资产选择中偏离最低成本原则，他们的研究以此为基础对商业银行业务的规模与范围经济的量度进行了修正，发现平均规模的商业银行和规模不经济的大型商业银行存在常数回报特征。有关于此的讨论也可以参见 Berger 和 De Young 所做的检验，他们关于贷款质量、成本效率和银行资本之间因果关系的研究结论指出，贷款质量的下降导致了商业银行监督费用的增加，进而提出了"坏运气（bad luck）假设"，证明过低的资本充足率会使银行由于过度投资风险资产而面临过高的道德风险。

从以上的介绍中可以看出，虽然有关商业银行投入、产出项的认定方式颇为驳杂（仅列出的就有六种之多），但事实上确定划分标准的核心思路无非中介法与生产法两大类，其余则多为在二者基础上进行的修正和补充。Mackara 比较了商业银行业产出与一般营利事业产出的差异，认为商业银行业是一种涉及多重投入及多重产出的服务业，对本身服务性质的产出无一套标准的成本估计方法，因此很难界定在特定服务性质产出下所需的资源投入。Ashton 则认为，对商业银行生产活动加以模型化的主要困难在于考察角度上的变化所能带来的矛盾——在微观意义上，商业银行提供金融服务并在市场上售卖，而在宏观意义上，商业银行的行为则更像一个货币供给者。虽然在同一前提下，不一样的观察视角仍会带来不一样的划分方案，而这也是关于商业银行效率问题研究的争论焦点之一（姚树洁等，2004；陈凯等，2012；童馨乐等，2016；李丽芳等，2021；

范亚辰、田雅群，2022）。在具体的研究实践活动中，鉴于存款同时具有投入和产出的特征，讨论尤其集中于存款在方程中的角色和定位研究。

中介法从宏观角度定义商业银行的生产模型，认为商业银行从公众、企业以及货币市场接受或借得资金，并将之以一定的利率转给借贷者（转化为贷款），于是这些贷款就成为该经济单位（商业银行）的主要产出。存款在这里被假定为原料或中间产品，它们在随后活动中被转化为最终产品（贷款）。中介方法包括货币及非货币投入的影响，货币产出被包括在内，而非货币产出则被忽略，资产上的宏观和动态变化在这里得到了强调。与中介法相对应，生产法则明确指出了商业银行的函数结构。提供存款的服务被视为一种产品形式，从而被视为一种产出。这种方法认同非货币投入而忽略了货币投入的影响，但货币与非货币产出则均被考虑在内。就国内的研究来看，目前对商业银行的投入产出还没有形成统一的定义，而且，研究方法的不同也会对投入产出的指标选择有不同的要求，因此，研究结论和商业银行的效率排序存在很大的差异。石晓军和喻珊对我国商业银行效率估计的不一致性进行了实证检验，发现目前存在不一致的关键原因在于研究样本的差异和对投入产出定义的不同。因此，如何科学地对样本银行的投入与产出进行定义直接决定了结论的科学性和合理性，这无疑会成为未来的一个重要研究方向。

2.4　知识生产函数与效率

知识生产函数作为一个经济学概念出现是最近一二十年的事情。

知识生产过程性质的确定是以有效测量知识生产过程中的投入和产出为前提的，因而首先要对知识投入与产出的衡量指标做出说明。在知识投入方面，文献中往往以 R&D 支出或 R&D 人数来衡量。在知识产出方面，理论上来说，产出的形式很多，比如降低生产成本的工艺创新、产品设计和质量的改善、新方法和新产品的创新等。由于数据的限制，文献中通常用授权专利数、新产品销售收入或统计的创新数量来代表创新产出。R&D 投入可能仅仅衡量了有正式 R&D 预算和正式研发机构企业的创新投入，而大量小企业还存在着很多非正式的研发活动。专利统计可能存在着如下缺陷：专利获得者和专利发明者可能并不一致；获得专利的发明创造的质量存在着很大的差别；一些重要的发明没有注册为专利；等等。Comanor 和 Scherer 发现，在美国由于注册专利的法律因素以及注册专利的难度和费用，专利申请数量有下降的趋势，他们还发现专利并不能真实反映创新的质量。新产品的生产不仅来自企业的自主研发活动，而且可能来源于技术模仿等。Jefferson 等（2004）对中国大中型制造企业展开的研究表明，新产品销售收入大约占 R&D 投资回报的 12%，更多的 R&D 投资回报来自工艺创新和对旧产品的改进。由于数据的限制，实证文献只能依靠上述衡量指标来研究知识生产函数及其性质。

知识生产过程中的首要问题是 R&D 投入与产出间存在着怎样的关系。绝大多数研究表明，R&D 投入与产出间存在着直接的正相关关系。Scherer 运用美国 500 强企业的数据进行回归分析，发现 1955 年 R&D 人数与 1959 年的专利授予数量之间接近线性关系。Schmookler 发现，1870~1950 年科学家和工程师的数量与专利数量有相同的变化趋势；他还发现，1953年18个主要工业产业中专利数量与R&D支出有密切的联系，R&D支出上的差异能够解释不同产业在专利数量上的差异。Mueller运用1958~1960年6个产业的企业数据进行相关系数分析，发现专利数量与衡量R&D投入的各项指标（基础研究、应用研究、试验发展、R&D总支出及R&D人数）之间均存在着高度相关性。以专利数量为被解释变量，对R&D总支出进行回归分析的结果表明，R&D支出对专利数量有显著的正向影响。Comanor和Scherer运用1955~1960年57个医药企业的数据对新产品销售收入、专利数量与R&D人数这三个衡量创新活动的指标进行了比较。总体而言，新产品销售收入与R&D人数之间、专利数量与R&D人数之间的相关系数均在0.8左右。Pavitt和Wald发现在美国13个产业中R&D强度（R&D支出/销售收入）与技术创新率（年度新产品引入比率）之间具有高度的相关性。McLean和Round对1971~1972年澳大利亚13个制造产业共980个企业的数据进行了分析，相关分析表明新产品销售收入份额与衡量R&D强度的三个指标（R&D支出占销售收入的比重、R&D人数占总人数的比重、专业技术人员占总人数的比重）之间均有显著的正相关关系；回归分析表明，在R&D投入与产出之间最普遍的关系形式是线性关系。Pakes和Griliches利用美国157个大型制造企业的数据，Griliches利用美国1953~1987年的全国数据，都发现R&D支出对专利数量有显著正向影响。Acs、Audretsch和Koeller运用美国小企业委员会调查的1982年分类编码为四位数产业的创新数据，以重要的创新数量为被解释变量研究R&D支出与创新数量的关系，结果表明R&D支出对创新数量有显著正向影响。另外也有一些研究表明知识生产过程中存在着非线性关系。Comanor 运用 1955~1960 年 57 个医药企业的数据，以新产品销售收入占总销售收入的比重表示 R&D 产出，以 R&D 人数及其平方项表示 R&D 投入。回归结果表明，R&D 人数的系数是负的（有时并不显著），R&D 人数的平方项是正的且高度显著，这表明，R&D 投入与产出之间呈现非线性关系。McLean 和 Round 的研究表明，新产品销售收入份额与 R&D 强度之间在某些产业中表现为非线性关系而不是线性关系。Bound 等人运用美国 1976 年 2582 个企业的截面数据，以 R&D 支出及其平方项作为解释变量，分别利用普通最小二乘法、泊松分布模型和非线性最小二乘法等估计方法进行实证研究，均发现 R&D 支出与专利数量之间存在非线性关系。

在对知识生产函数展开的研究中，另一个重要的问题是知识生产过程的性质，对这种性质进行研究在于考察 R&D 投入与产出之间是否存在规模经济。Comanor 的研究表明，当企业销售收入分别为 0.1 亿、1 亿、5 亿美元时，R&D 的产出弹性分别为 1.39、0.61、0.54，也即在规模较小的企业中，R&D 投入与产出表现为规模报酬递增；而在规模较大的企业中，R&D 投入与产出表现为规模报酬递减。Scherer 发现，随着 R&D 强度（每十亿美元销售收入中的 R&D 人数）的增加，专利强度（每十亿美元销售收入中所含有的专利数）以递减的速度增加。Mansfield 的研究表明，当企业规模一定时，化学产业中 R&D 投入的增加会导致超比例创新产出的增加，而在石油和钢铁产业中并没有这种关系。Pakes 和 Griliches 发现专利数量对 R&D 支出的弹性为 0.61。Bound 等人的研究表明，在 R&D 支出较小时，专利生产接近规模报酬不变，而在 R&D 支出超过 1 亿美元时，专利生产表现为规模报酬递减。Acs 和 Audretsch 发现创新数量对 R&D 总支出（公司 R&D 与政府 R&D 之和）和公司 R&D 支出的弹性分别为 0.36 和 0.41；将样本划分为大企业和小企业两个组别后，R&D 的产出弹性则下降为 0.3 左右。Griliches 的研究表明专利数量对 R&D 支出的弹性在 0.2~0.4 之间。Koeller 在考虑市场结构的内生性等变量后，发现总体样本中创新数量对 R&D 强度的弹性约为 0.5；将样本划分为大企业和小企业两个组别后，大企业和小企业 R&D 强度的产出弹性分别为 0.5 和 1。这些研究均表明知识生产存在着规模报酬递减或不变的特点。

在实证文献中，对 R&D 投入产出关系的研究通常采用的是线性或非线性多项式模型，这种普遍使用的模型可表示为：

$$Y = f(R) + X\lambda + \varepsilon \tag{2-19}$$

其中，Y 表示 R&D 产出（专利数量、创新数量或新产品销售收入）；R 表示 R&D 投入（R&D 支出或 R&D 人数）；X 表示其他的控制变量向量；ε 为随机误差项；λ 为待估计参数。在上述实证文献中，$f(R)$ 往往表示为 R 的多项式。在不考虑 R&D 投入与产出之间时滞结构的文献中，f 往往取 R 的一项式、二项式或三项式；在考虑 R&D 投入与产出之间滞后结构的文献中，f 往往取 R 的当期值及其滞后值。可能由于受数据量的限制，上述研究仅仅把 R&D 支出或 R&D 人数作为 R&D 投入来研究单一生产要素对 R&D 产出的影响。例如，Jefferson 等人运用中国大中型制造企业数据构建的知识生产函数模型中，R&D 产出为新产品销售收入份额，R&D 投入为滞后一期的 R&D 强度（R&D 支出/销售收入）。显然，这种分析方法无法分离出 R&D 投入中劳动和资本各自对 R&D 产出的贡献。

为克服以往研究的缺陷，Hall 运用知识生产函数估计出折旧率的数值。本书将在此研究的基础上，估算我国商业银行业在 1997~2007 年 R&D 资本存量的折旧率。假定知识生产函数为广义柯布-道格拉斯生产函数：

$$Y = AL^{\alpha}K^{\beta}e^{u} \qquad (2-20)$$

其中，Y 表示研究与开发的产出，R&D 产出用新产品销售收入来表示，R&D 资本投入用测量的 R&D 资本存量来表示，R&D 劳动投入以技术活动人员数来表示；A 表示 R&D 投入的技术效率；L、K 分别表示 R&D 人员、R&D 资本存量；α、β 分别表示 R&D 资本投入和劳动投入的产出弹性。对（2-19）式进行对数化处理，得到：

$$\ln Y_{it} = \lambda + \alpha \ln L_{it} + \beta \ln K_{it} + u_i + \varepsilon_{it} \qquad (2-21)$$

其中，λ 表示常数项 $\ln A$；u_i 是非观测效应，即不随时间变化的行业特定性效应；ε_{it} 是特异性误差，即随时间变化的行业特定性效应，本书中我们将讨论非观测效应的影响。假设企业按照成本最小化原则进行 R&D 投入决策，那么我们能够得到 R&D 人员和 R&D 资本存量投入的比例关系：

$$\frac{\beta}{\alpha} = \frac{c_k^* K^*}{c_l L} \qquad (2-22)$$

公式（2-22）中的 β 表示按照折旧率计算后的真实资本存量 R&D；c_k^*，c_l 分别表示 R&D 资本存量的成本和 R&D 人员的工资水平，反映了价格水平变动对 R&D 资本存量的影响程度。利用公式（2-22）

可以估算出 $c_k^*K^*$。按照 Hall 的研究，反映 R&D 资本价格水平的 $c_k^*(t)$ 也会出现折旧，$c_k^*(t)$ 由下面的关系式确定：

$$c_k^*(t) = P_k(t)\left\{1 - \frac{(1-\delta)[P_k(t+1)/P_k(t)]}{1+\rho}\right\} \qquad (2-23)$$

式中的 $P_k(t)$ 表示价格水平，我们可以用固定资产价格指数表示；ρ 表示资本的预期收益率，假定为 10%。假设各年固定资产价格水平变动很小，那么利用公式（2-22）、公式（2-23）我们可以进一步得到：

$$c_k^*(t)K^* = P_k(t)\left[\frac{\rho+\delta}{(1+\rho)(\delta+g)}\right]K \qquad (2-24)$$

通过对公式（2-22）进行估计，能够得到 R&D 人员和 R&D 资本存量的参数估计结果 α，β，并利用公式（2-21）、（2-24）估算出折旧率。

在对公式（2-21）的估计中，本书采取 GMM 估计方法，从而可以有效克服解释变量的内生性问题以及个体效应与解释变量的相关性问题。在模型设定上选择固定效应模型还是随机效应模型，需要用 Hausman 检验来识别。

同时，我们将估计的效应方程设定为：

$$u_i = \delta_1 d_1 + \delta_2 d_2 + \delta_3 d_3 + \omega_{it} \qquad (2-25)$$

我们采用 Hall 和 Jones 基于 Mincer 公式计算教育回报率的方法计算人力资本存量，假设人力资本能够提高劳动力的效率，故此有：

$$\hat{L}_i^t = H_i^t L_i^t = e^{\phi(\varepsilon_i^t)} L_i^t \qquad (2-26)$$

其中，φ（·）呈分段线性（Piecewise Linear）形式，它的斜率（教育回报率）最初 4 年为 13.4%，接下来的 4 年为 10.1%，超过这 8 年则为 6.8%；ε_i^t 表示平均受教育年数，徐现祥、舒元使用受教育程度人口比重的权重，即 $\varepsilon_i^t = 5s_1 + 8s_2 + 11s_3 + 15s_4$，$s_i$（$i$ = 1，2，3，4）表示文化程度分别是小学、初中、高中和大学的员工所占比重。

2.5 国内外相关实证研究综述

2.5.1 国外相关实证研究综述

现代经济学界对银行效率的研究始于 20 世纪 50 年代，发展非常迅速，研究中所采用的计量方法和模型也在不断更新。其发展大体上分为三个阶段：第一阶段从 20 世纪 50 年代开始，研究重点为银行的规模效率问题；第二阶段从 20 世纪 80 年代初到 90 年代初，研究重点为银行的范围效率问题；第三阶段为 20 世纪 90 年代初至今，研究重点转移到商业银行 X 效率问题上来。

1. 关于商业银行规模效率的实证研究

规模效率与规模经济是密不可分的，平均成本随规模或产量的增加而减少，表明银行具有规模经济；反之，存在规模不经济。根据规模经济，商业银行可以通过扩大或缩小其经营业务或规模来降低平均成本，文献中有多种测度规模效率的方法。

所谓规模经济，是指商业银行可通过扩充其经营业务或规模，降低平均成本，若平均成本随规模或产量的增加而减少，表明商业银行具有规模经济；反之，则存在规模不经济。Alhadeff 是最早研究商业银行规模与效率关系的学者之一。他以总费用与信贷和投资的比率作为平均成本指标，能产生收益的贷款和投资资产为产出，分析了加利福尼亚州 210 家商业银行的相关数据，得出商业银行业存在着递增的产出规模效率和递减的成本规模效率。Sehweiger 和 MeGee 指出 Alhadeff 的研究忽略了商业银行的其他资产，这会导致对商业银行平均成本的计算失效。为此，他们提出以总资产作为产出，并研究了美国 6000 余家商业银行的成本费用情况，得出单一商业银行的成本费用会随存款规模扩大而下降、具有多分支机构的商业银行成本费用规模经济不明显的结论。Beston 和 Bell 等人使用柯布-道格拉斯成本函数的研究发现，不管商业银行的规模大小，都存在轻微的规模经济。结果显示，当其他条件保持不变时，商业银行规模扩大一倍，平均成本会减少 5%~8%，并指出大型商业银行的规模效应来源于劳动力的专业分工。

早期规模经济研究存在的问题：一是使用了弹性较小的柯布-道格拉斯函数，无法显示 U 形的平均成本曲线；二是样本大部分为小型商业银行，业务比较单一，舍弃大型商业银行样本使得研究结果存在局限；三是未能区分分支机构与商业银行整体规模经济的关系。

20 世纪 80 年代初，规模经济研究集中在对商业银行业兼并重组行为的有效性分析上。Baumol 提出运用产出弹性衡量规模经济的思想，在确定成本函数参数的基础上，通过计算商业银行产出弹性之和估计商业银行规模经济。随着更具弹性的超越对数成本函数的出现，深入研究商业银行规模经济问题成为可能。同时，大、中、小三类商业银行均被纳入效率研究的样本之中，从而产出了更多的研究成果。

20 世纪 80 年代之后的商业银行规模效率研究得出了较为一致的结论，即商业银行业的平均成本曲线呈现平坦的 U 形曲线，小型商业银行在规模经济上要优于大型商业银行和中型商业银行，商业银行规模大并不一定具有规模经济。其中，对美国商业银行业规模经济的研究结果显示，小型商业银行的规模经济明显。而对欧洲商业银行业的研究则发现，除小型商业银行最有可能具备规模经济外，中型商业银行也存在规模经济现象，而大型商业银行基本处于规模不经济状态。Rezvananian 和 Mehdian 对新加坡商业银行业规模经济的分析也证明了这一观点。

美国学者实证发现，资产规模处于 7.5 亿~30 亿美元之间的商业银行存在规模经济，而资产规模在 20 亿~100 亿美元之间的商业银行平均成本效率最低。但 McAllister 和 McManus 认为得出上述结论的主要原因是他们在研究中使用的是超越对数生产函数，使得小型商业银行和大型商业银行位于对称的 U 形成本曲线的两边，而没有考虑到其他情况。McAllister 和 McManus 使用了非参数方法，结果发现资产规模在 5 亿美元左右的商业银行存在完全的规模经济，资产规模在 100 亿美元以上的商业银行平均成本保持不变，而资产规模在 1 亿美元以下的小型商业银行规模经济无效率在 10% 以上。

Clark 对此进行了非常详细的理论介绍与比较。同样，大多数关于规模经济的研究也是针对美国银行业的，Benston、Hanweck 和 Humphrey 研究了美国 747~852 家商业银行（1975~1978 年）的规模效率，Gilligan、Smirlock 和 Marshall 研究了美国 714 家银行的规模经济性，Hunter 和 Timme 研究了美国 91 家银行控股公司规模效率的影响因素，Berger、Hanweck 和 Humphrey 研究了美国 413 家分支行制银行和 214 家单一银行制银行的规模效率，Mester 研究了美国加州 149 家储贷会 1982 年的规模经济，Buono 和 Eakin 研究了美国 613 家银行 1985 年的规模效率，Noulas、Ray 和 Miller 研究了美国 1986 年 330 家总资产超过 10 亿美元的大银行的规模效率，Hughes 和 Mester 研究了 1990 年美国 304 家总资产超过 10 亿美元的大银行的规模效率，Jagtiani 和 Khanthavit 研究了美国 1984~1991 年 91 家大银行的规模经济，Mitchell 和 Onvural 研究了美国 1986 年和 1990 年 306 家及 331 家资产介于 5 亿到千亿美元的商业银行的规模效率。可见，学者们从不同的年份、不同的银行类型、不同的资本规模和不同组织形式等各种角度对美国银行业规模效率进行了研究，研究结果有以下三点：一是存在最适宜的银行规模；二是分支行制或单一银行制对规模经济的影响不大；三是技术、不良放款和自有资本的变化对银行规模效率有影响。与美国银行业规模经济的研究相比，对其他国家银行业规模效率的研究极少，Murray 和 White 研究了加拿大 610 家信用合作社 1976~1977 年的规模效率，Dietsch（1993）研究了法国 345 家银行 1987 年的规模效率，Muldur 和 Sassenou（1993）研究了法国 59 家商业银行及 247 家储蓄性机构 1987 年的规模效率，Lang 和 Welzel（1996）研究了德国 757 家合作银行 1989~1992 年的规模效率，Mckillop、Glass 和 Morikawa（1996）研究了日本 5 家超大型银行 1978~1991 年的规模效率。

上述研究表明加拿大、法国、德国和日本等国各种类型银行都具有规模经济,这个结论与对美国银行业进行研究的结果显著不同。上述研究的共同特点是都使用了 Translog 成本函数,但是运用 Translog 成本函数分析极易产生偏差,McAllister 和 McManus、Mitchell 和 Onvura 及 Huang 和 Wang 都发现 FF 函数的测度结果与 Translog 成本函数的测度结果不尽相同。

2. 关于银行范围效率的实证研究

20 世纪 70 年代中后期到 80 年代初,各国商业银行为了摆脱金融管制而实施金融创新,人们的注意力开始集中在金融业的综合经营模式和分业经营模式上,理论界对银行效率的研究重点也转向了银行业务是否存在范围经济。银行业的范围效率包括产品多元化所带来的效率及地域扩张所带来的效率两部分。

20 世纪 80 年代关于银行业范围效率的研究较为一致。1982 年,经济学家鲍莫尔、潘则、本利和弗里兰得提出假说,认为从事多种业务经营的银行可以享受成本降低的好处或得到多种供给收益,从而提高银行效益,原因在于固定成本分摊、信息经济、降低风险和客户成本等方面。但证实该假说比较困难,一个国家的所有银行几乎会提供相同的多种产品和业务,金融分业只是程度问题,而不同国家的银行业不具有可比性。Kolari 和 James 设计了"双产品业务范围效率模型"(Model for Degree of Scope Efficieney for Two Outputs),将美国约 600 家银行按各类业务所占比例情况分为农村类、城市类、批发类和零售类银行,并分别进行业务范围效率假说检验,结果表明无论哪一类银行,经营多种组合业务都能够为其带来范围效率。

20 世纪 90 年代,不同学者对银行业务范围效率的研究结论存在很大的争议。有研究表明,个别产品组合(如贷款和存款)的联合生产经营存在业务范围效率，但很难找到存在普遍性范围经济的理由。之所以出现这种差异，可能与范围经济的定义不一致有关。

Cebenoyan 运用 Box-Cox 函数研究发现，美国小银行的活期存款、定期存款、房地产贷款和商业贷款业务间存在显著的范围经济；在1980 年、1981 年、1983 年这三年中，银行实现规模经济的总存款上限是 2500 万美元，而在 1982 年这个结论不成立。Lang 和 Welzel 的研究表明，德国全能银行（Universal Banking）不存在范围经济，但是小型的合作银行却存在范围经济。Saunders 和 Walter 运用超越对数成本函数研究了 1988 年末世界最大的 200 家银行中的 133 家，发现收取费用和收取利率间不存在范围经济，从而断定当前对潜在的范围经济做出清楚的推论为时尚早。鉴于银行产品的一致性，Berger 和 Humphrey 从利润函数和成本函数出发，提出了优化业务范围效率（Optimize scope efficiency）的概念，他们认为业务范围效率应该既包括产出组合的收入效应，又包括投入组合的成本效应，据此，他们通过实证分析发现，银行业的范围效率很小，其至多可以通过生产多样化的产品使成本降低 5%，收益则显示出不受产品多样化影响的特性。以后的一些研究表明，银行的范围经济随各国银行规模的不同而有所差异。

Pulley 和 Humphrey 在解决先前困扰范围经济研究的某些计量经济问题后，发现两种类型的储蓄服务及三种信贷的共同生产存在显著的范围经济。Cavallo 和 Rossi 对法国、德国、意大利、荷兰、西班牙和英国 1992~1997 年的跨国数据进行研究发现，开展传统业务的银行存在显著的成本非效率现象。但 Laura 和 Stefania 运用随机前沿方法研究了法国、德国、意大利、荷兰、西班牙和英国 1992~1997 年的银行数据，结果表明无论何种规模的银行都存在范围效率。之后，Berger 和 De Young 通过对 7000 家美国银行 1993~1998 年的数据进行分析，发现银行地域范围的扩张与效率之间的关系并不明确，集中在一个地区的银行与跨州机构较多的银行都可能具有较高的效率。Humphery 针对管制放松对银行效率影响的研究表明，20 世纪 80 年代的放松管制使存款利息急剧膨胀，单位资产对应的存款利息成本从 1980 年到 1984 年间上升了 42%。Berger 和 Mester 对前期学术界的研究进行了总结，他认为 20 世纪 90 年代美国银行的成本具有相当大的潜在规模经济。由于当时业务领域的限制已经成为发挥规模经济性的最大障碍，他们建议改变美国的分业经营现状。Rudi Vander Vennet 认为纯粹的规模经济不能被视为银行出现混业经营的原因。Kozo Harimaya 发现日本金融自由化使得区域银行具有较高的效率。

3. 关于银行 X 效率的实证研究

X 效率是美国经济学家莱宾斯坦于 1966 年在研究非竞争产生的低效率时提出的一个概念。X 低效率是和 X 效率相对应的一个概念，莱宾斯坦和弗朗茨都对 X 效率的概念有明确的论述。弗朗茨指出："X 低效率一词中，X 代表来源不明，X 低效率为非配置低效率。"在 X 低效率理论出现之前，厂商理论忽视了厂商的内部运行和厂商管理效率，而集中注意市场效率。"同任何理论一样，厂商理论也提出一些假设。一个假设是，厂商内部是有效率的。……这些假设使得经济理论可以忽视厂商的内部运行和厂商的内部效率，而集中注意市场效率。由于存在这些假设，一直被经济理论所忽视的一种低效率被莱宾斯坦称为 X 效率。"这是弗朗茨给"X 效率"下的另一个定义。根据这两个定义，X 效率指的是企业内部效率。这两个定义彼此相容，但不完全相同。从莱宾斯坦和弗朗茨对 X 低效率的论述中可以看出，X 低效率就是非配置低效率，它是指经济单位由于内部原因而没有充分利用现有资源或获利机会而处于一种低效率状态。

进入 20 世纪 80 年代中后期，由于国际银行业竞争加剧，各国银行都把提高竞争力放在首位，加强了对银行的管理。与此相对应，经济学界对银行效率的研究兴趣也转向了分析银行管理和内部资源配置，即银行控制成本和产生收益的管理能力，也就是对银行 X 效率的研究，即更多的研究是利用 X 效率理论对测算出的前沿效率值进行影响因素分析。但直到 20 世纪 90 年代，金融理论界才开始运用该概念来研究银行 X 效率，一般在实证分析中用它研究银行经营管理中的配置无效率和技术无效率。大多数研究是先将一组最优经营技术银行的产出作为比较分析的基础，再测度样本银行绩效相对于最优经营技术银行绩效的无效率程度。在实证分析中，一般将 X 无效率测度作为银行 X 效率测度的逆向表达，选取的银行投入为劳动力价格、实物资本价格、储蓄存款价格，银行支出为银行存贷款、银行利润等。Berger、Hunter、Timme、Humphrey 等人的研究表明，对于同等规模和产品组合的银行而言，银行业的平均成本比行业可能的最低值要高出 20%，而规模和产品组合不当造成的无效率则不到成本的 5%，也就是说，银行业至少有 20% 的成本被无效率侵蚀掉了，而这种无效率并非因为银行选择了错误的规模或监管当局对其业务范围进行了限制。Carbo、Gardener、Williams 发现欧洲储蓄银行通过提高规模效率所能节约的成本仅为 7%~8%，而同时其 X 无效率却高达 22%，说明提高管理效率可以更大幅度地减少成本开支。这些研究结论均表明，银行在内部管理和资源配置上存在很大的浪费现象，其效率有提高的空间，从而也说明了提高银行内部管理水平和合理配置资源的重要性。可见，尽管学界目前关于银行效率的定义、研究方法和研究结论尚没有完全一致的意见，但对于银行业存在的至今未完全解释清楚的 X 效率则没有太大的异议，所有的文献基本得出了银行 X 效率远大于规模效率和范围效率的结论。也就是说，反映管理能力的 X 效率比规模效率和范围效率更加重要，对银行业的实践更有指导意义。正因如此，许多关于银行效率研究的文献将银行的经营管理比作"黑匣子"，最新的研究则试图打开这一"黑匣子"，找出影响银行 X 效率的因素。M. Kabir 和 Hassan 发现德国商业银行平均非效率为 3%~6%；Jan-Egbert Sturm 证实澳大利亚的外国银行比本国银行有更高的效率；Michael K. Fung 发现美国银行控股公司的 X 效率存在差异。Simon H. Kwan 发现我国香港银行 X 效率随着时间的推移而下降，表明我国香港银行经营状况接近成本前沿，香港银行成本效率与最佳银行的成本效率仅差 16%~30%。Santiago Carbó Valverde 研究了 1996~2002 年 10 个欧洲国家跨国银行的数据，结果发现其在商业环境、银行费用、银行的生产力方面有同样的差异。J. W. B. Bos 研究了德国储蓄银行，得出异质性会同时影响商业银行的成本和利润的结论。

4. 关于银行效率的影响因素的实证研究

目前，国外对银行业效率影响因素的研究状况如下。Berger 和 Mester 对银行资产规模、组织形式、市场集中度、资本化程度等因素对银行效率的影响做了研究，并得出资产规模对银行效率的影响并不明确，没有证据表明股份制银行比独立的银行更有效率，股权结构与银行效率的关系较为复杂，市场集中度与银行效率关系不明显，资本化程度高的银行效率更高等结论。Young 等人研究了美国银行业 1984~1993 年的技术进步、效率及生产率变化情况，认为银行规模、集中度、资产质量、不良贷款率、人均营业费用、股权结构等都对美国银行的效率有着显著的影响。Worthington 运用随机成本前沿法测算了资产质量、人力素质和教育程度等因素对澳大利亚金融机构效率的影响。Maudos 等人将可能影响欧洲银行业效率的因素分成规模、专业化程度、银行特征、市场特点等四组，并分别加以研究。Kunt 等人以利息边际与利润率为效率衡量指标，运用 80 个发达国家和发展中国家 1988~1995 年的有关数据，对银行效率的决定因素进行了回归分析。Harker 和 Zenios 将驱动金融机构业绩改变的因素分为战略、战略执行、环境三个层面，每个层面又具体细化为数个方面的内容。Frei 等人认为，金融机构效率的驱动器是其对人力资源、技术、过程管理等模式的选择及其对金融服务质量、成本和便利程度的影响。

Grigorian 和 Manole 运用 DEA 法测度了俄罗斯和其他转轨经济体等 17 个国家 1995~1998 年的银行业效率，发现自有资金比率、市场势力、外资持股占比、人均 GDP 对银行技术效率均有显著的正向影响，金融市场的发展对银行技术效率有显著的负向影响，银行的经营期、中央银行监管制度和法律制度等制度变量对银行效率的影响并不显著。John P. Bonin、Iftekhar Hasan 和 Paul Wachetl 以保加利亚、捷克、克罗地亚、匈牙利、波兰和罗马尼亚的银行业数据作为样本，考察了转轨经济中银行私有化的影响。其运用 SFA 法测算了银行效率，使用含有哑元变量的回归模型分析了银行私有化对银行效率的影响。结论表明，外资银行的效率最高，国有银行的效率最低，银行私有化的时机与方式都会对银行效率产生影响。Zaim 运用

DEA 法研究了 20 世纪 80 年代金融自由化对土耳其银行效率的影响,研究发现,与 80 年代初期相比金融自由化改善了银行的技术效率和配置效率。Jackson Fethi 应用 DEA 法评估了 1998 年土耳其商业银行的技术效率,并用 Tobit 模型对银行效率的决定因素进行了实证研究,发现规模、资产收益率对银行效率有显著的正向影响,而资本充足率对银行效率却有显著的负面影响。Sathye 运用 DEA 法对 1997~1998 年印度商业银行效率进行了实证研究,结果表明整体上看其效率高于国际平均水平,但私人银行的效率却低于国有银行和外资银行。Allen N. Berger、Iftekhar Hasan 和 Mingming Zhou 运用 SFA 技术分析了中国银行业 1994~2001 年的效率,并用二阶段回归模型检验了银行所有权结构对银行效率的影响,结果表明外资银行所有权与银行效率显著正向相关,而政府的所有权对银行效率有负向的影响,验证了随着外资银行准入的逐渐开放,加剧的市场竞争提高了中国整个银行业的效率。

综观国外商业银行效率的影响因素研究,可以发现大多数文献讨论的是以下几个因素:资产规模、产权形式、财务特征、银行兼并与重组、市场结构与金融管制。但在具体研究中,由于银行所处市场环境、制度不同,其效率计算结果也并不相同,由此进行分析得到的效率影响因素也往往仅对研究样本内的银行有效,对促进样本外的银行效率提升意义不大。

2.5.2 国内相关实证研究综述

目前,国内学者对银行效率的研究基本上采取两种方式:一是借鉴国外的研究方法,主要借助计量经济方法来估计银行资源配置效率、技术效率、规模效率、X效率；二是主要以定性研究的方法来探索影响银行效率的因素。总体来看，我国学者从不同角度对银行效率进行了研究，其中定性研究较多而定量研究较少，且比较分散，还没有系统的银行效率研究文献。

魏煜、王丽使用DEA法对银行效率进行了测度，并对我国银行1997年的技术效率、纯技术效率、规模效率和规模报酬进行计算，在研究中对四大国有商业银行和其他新兴商业银行的效率进行了比较。赵旭用DEA法分析了四大国有商业银行的效率，发现国有商业银行的技术效率和规模效率均呈波动上升趋势。刘伟、黄桂田认为，国有商业银行存在的主要问题是产权结构，而不是市场结构。张健华运用DEA法和Maknquist效率指数对我国国有、股份制、城市商业银行的效率状况做了一个综合的分析与评价。杨宝臣等采用DEA法对我国一家商业银行分支机构的经营行为和效率进行了横向有效性评价。张维和李玉霜运用DEA法评价了我国城市商业银行的内控机制。谭中明运用因子分析法对我国十家商业银行及两家外资银行1999年的效率状况进行了定量考察，并对这些银行进行了排序，研究认为国有银行规模不经济是效率低下的直接原因，产权不合理是效率低下的根本原因，金融创新能力弱是效率低下的内在原因，并依此提出了提高我国银行业效率的途径。钱蓁运用随机成本边界模型测算了1995~2000年国内8家商业银行的X效率，并且从微观层面对影响银行效率的因素进行了具体分析，他认为自有资本比率、所有权结构、利息收入占总营业收入的比重是其中比较重要的三个因素，国内商业银行可以通过优化这几个变量来提高效率。姚树洁等人使用中国22家银行1995~2001年的数据，利用SFA法研究了所有制结构和硬预算约束对银行效率的影响,结果表明,非国有银行比国有银行效率高,面临硬预算约束的银行绩效比国家和地方政府投入大量资本的银行绩效好。刘志新、刘琛运用自由分布法(DFA)对我国4家国有商业银行和10家股份制商业银行1996~2002年的效率进行了分析,研究表明四大国有银行的效率较低,上市银行在股份制银行中效率较高,中国银行在国有银行中效率最高。

朱南等应用DEA法评估了我国商业银行的生产效率,并引入DEA"超效率"模型对2000~2001年我国最大的14家商业银行的效率状况进行了排名,研究发现四大国有商业银行的整体效率要远低于十大股份制商业银行,而员工人数过多是制约国有商业银行效率的一大因素。王聪、邹朋飞对国有商业银行效率的影响因素进行了定性分析和实证研究。结果发现,除了银行资本价格、劳动力价格因素外,技术进步和银行资产的运用水平是影响国有银行效率的两大主要因素,银行的规模、市场结构、企业效益状况也对银行效率有很大影响,国有银行存在严重的规模不经济。郑录军、曹廷求对影响我国商业银行效率的因素进行了较为全面的研究,结果表明集中型股权结构和公司治理机制是影响我国商业银行效率的重要因素。谢朝华、段军山利用DEA法对2001~2003年中国14家主要商业银行的X效率状况进行了评估和分析。结果显示,样本期内银行业整体效率水平为74%,其中国有银行的平均效率为72%,股份制银行的平均效率为75%,上市银行的平均效率为79.5%,其中产权、市场、功能和监管是主要的效率影响因素,其状况改善将为提高银行效率创造有利的环境和结构条件。迟国泰、孙秀峰、芦丹评估了中国14家主要商业银行1998~2003年的成本效率状况。研究指出,中国商业银行总体效率水平并不差，国有商业银行成本效率处于上升趋势，股份制商业银行则保持波动攀升趋势，贷款产出质量对中国商业银行的成本效率有明显的负面影响，在考虑产出质量后，国有商业银行成本效率明显落后于股份制商业银行。郭研运用 DEA 法测算了我国 15 家商业银行 1993~2002 年的技术效率、纯技术效率以及规模效率，然后运用回归模型实证检验了我国商业银行效率的主要影响因素。王付彪等对我国商业银行 1998~2004 年的技术效率进行了实证研究，并将技术效率分解为纯技术效率、规模效率、投入要素可处置度。分析发现，我国商业银行效率整体上呈现上升趋势，技术效率损失主要源自规模效率损失，说明我国商业银行存在与其规模不相适应的管理能力。徐传谌、齐树天以中国 14 家商业银行 1996~2003 年的数据为样本，研究了它们的成本利润效率状况和演进趋势。检验结果表明，所有制改革在一定意义上产生了积极作用，而政府对于国有制商业银行的挽救和调整在降低其成本方面取得了不错的效果；中国商业银行控制成本的能力显然要好于其创造利润的能力，样本期内成本效率水平的稳步提高与利润效率水平的加速下降形成鲜明对比。李艳虹对发达国家商业银行的股权结构进行了国际比较，总结了不同股权结构的特点及其影响银行绩效的作用机制，实证考察了股权结构与我国商业银行绩效的关系。后来十几年，周逢民、张会元、周海、孙佰清，吴晨，虞晓雯、雷明、王其文、邓洁等学者也围绕该主题进行了系统分析。

此外，自金融数字化转型概念被提出以来，国内外学者对数字化转型与商业银行效率之间的关系展开了深入的研究，但没有形成统一的结论。

一种观点认为，数字化转型会促进商业银行效率的提高，对商业银行效率有正向效应。从金融创新层面来看，黄益平、黄卓在研究中国数字金融的发展时提出数字金融会促使商业银行开展金融创新。Beck等人研究发现，金融创新能够提升商业银行的服务质量，同时能够使商业银行的产品更加趋于多元化，服务范围更加广泛，最终促使商业银行总体生产效率提高。谢文博对金融科技与商业银行效率之间的逻辑关系进行了研究，结果表明金融创新对银行效率有积极的影响。从商业银行自身层面来看，陆龙飞、徐飞以我国16家上市商业银行2011~2017年的相关数据为研究样本，通过研究金融科技与商业银行效率之间的关系发现，合理运用金融科技能够有效促进商业银行改善自身的经营情况。王志明在研究金融科技的发展时指出，金融科技能够为商业银行提供新动能，从而更好地促进其发展。刘笑彤、杨德勇以我国商业银行为研究对象，通过研究其2006~2015年的相关数据指出，发展数字金融能够促进商业银行业的技术进步，进而促使商业银行提升效率。Sribastava以发展中国家为研究对象，指出互联网技术对金融机构的整体效率具有积极的影响，其主要是通过人力和管理两种途径降低商业银行的相关成本，从而促使商业银行效率的提升。从技术溢出效应层面来看，沈悦、郭品通过研究数字金融对我国商业银行效率的影响指出数字金融发展会对我国商业银行全要素生产率产生正向的影响作用，并指出这种正向影响主要通过技术溢出效应发挥作用。同时，数字金融会增加商业银行间的竞争程度，进而提高商业银行的效率。

另一种观点认为，数字化转型会对商业银行效率产生抑制作用，即前者会对后者产生负向影响，同时数字金融的替代效应不容忽视。

张庆君、刘靖的研究结果表明数字金融替代效应对商业银行的影响大于技术溢出效应对商业银行的影响,替代效应会缩减商业银行的贷款规模,同时会对商业银行的资本配置效率产生消极影响,即使商业银行的资本配置效率下降。刘孟飞、蒋维以2008~2017年我国商业银行数据为研究对象,研究金融科技是否对我国商业银行效率有促进作用。研究结果表明,金融科技对商业银行成本效率具有抑制作用。Beck研究了互联网的发展对商业银行的影响,他指出互联网发展会给商业银行的经营带来负面的影响,主要是由于互联网发展会使新的竞争对手进入市场,这些竞争对手在交易体系和交易门槛方面比传统的商业银行更有优势,从而会对传统商业银行的金融中介功能造成一定的冲击,进而会对商业银行的经营产生负面效应。孙杰、贺晨在研究传统商业银行数字化转型时指出,数字金融会导致商业银行出现客户脱媒和渠道脱媒,进而对商业银行的存贷业务造成一定的冲击,从而对商业银行的可持续盈利能力造成负向影响。

2.5.3 简要评价

上述文献利用不同方法、不同的模型从不同角度对我国商业银行的效率结构及其影响因素、效率状况及变化趋势展开了研究,得出了很多有益的结论,但也存在一定的不足,主要表现在以下几个方面。

第一,没有分析数字化转型背景下中国商业银行业的制度变迁及其对效率的影响。

虽然已有文献利用不同的测算方法从多个角度研究了我国商业银行的效率结构,但基本上没有文献考察我国制度变迁的特殊性及其对经济金融的影响,没有考察我国政治背景、宏观经济环境变化对我国商业银行治理制度的影响、没有考察我国商业银行业治理制度有别于其他国家的特殊性及其对效率的影响。

第二，数字化转型背景下商业银行效率的测算结果极不一致。

不同研究对商业银行效率估计的不一致问题不仅在国内存在，在国外长期以来也很多争论。国外学者在关于商业银行效率的综述中曾做过一些讨论，综合来看，国外关于金融业效率估计不一致的焦点在于不同的估计方法、不同的模型设定是否会导致不同的估计结果。国内学者石晓军和喻珊对商业银行效率的测算结果做过详细的统计分析，在四大国有银行和10家股份制银行中，建设银行和兴业银行的最高排名分别为第2名、第4名，而最低排名均为第13名，差度达到11个和9个名次。

第三，样本范围太小。

由于搜索数据需要花费大量的时间和精力，因而现有文献的样本期限较短，样本数量太少。样本构成不同是造成测算结果不一致的第二个主要原因，毫无疑问，对任何一个实证研究而言，样本的选择都会对估计结果产生重大的影响。对商业银行效率进行估计时，尤其是使用参数方法时，时间跨度比较大的样本更有利于获得比较可信的估计结果。

第四，在数据包络分析法的使用上存在一定缺陷。

使用数据包络分析法时，均假定所有商业银行在同一时期面临相同的效率前沿面。这一假定无法评价和比较同时处于效率前沿上的商业银行之间的相对效率，而只能认为它们均是有效的且效率相同。单独使用参数方法或非参数方法时，没有对两者的研究结果进行比较分析。在DEA模型中，假定所有的投入和产出的权重相等，对效率的影响也一样，无法评价产出的质量和不同投入产出项目对效率的影响。

第五，没有系统分析数字化转型背景下商业银行效率提升的形成机制。

不对商业银行效率的形成机制做出系统的理论分析，其后果表现在两个方面：第一，无法解释商业银行效率差异的影响因素及机制；第二，对商业银行业的投入产出没有明确统一的界定，这会进一步影响测算结果的一致性。

2.6 本章小结

首先，本章以效率的约束条件为线索，对效率理论进行了梳理。新古典经济学关注生产成本最小化，而新制度经济学关心交易成本最小化。另外，新古典经济学和新制度经济学的效率标准面对的约束条件不一样，因而存在一定差别。两者的内在逻辑联系是，当交易成本为零时，新制度经济学模型的最优值等于新古典经济学最大化模型的极值，新古典经济学成为新制度经济学的一个特例。其次，在解释制度与经济组织之间的关系时，两者都是从效率原则出发去解释经济行为和交易，都是以效率原则解释组织与市场、组织之间以及组织内部的关系变化。现代经济理论对于效率与生产率理论的认识与发展带动了对效率和生产率实际运用及度量的发展。再次，梳理了商业银行效率理论与商业银行效率影响因素理论，包括规模效率、范围效率、X效率等理论。最后，回顾国内外实证研究综述，并对现有的实证研究进行了评价。

3 数字化转型背景下中国商业银行效率实证研究

3.1 问题的提出

近年来，互联网及信息技术的飞速发展将我们带入崭新的信息新时代，我国商业银行面临的内外挑战日益严峻，自身也在不断探索创新与改革的方向。数字化时代的来临，给商业银行带来前所未有的机遇和挑战，也为新时期商业银行转型提供了核心线索。数字化转型与商业银行效率提升，逐渐成为近年来金融行业和监管当局研究的重点课题之一，很多学者通过评价商业银行效率来观察商业银行资源的利用效果和整体经营状况，试图揭开商业银行效率的"黑箱"，寻找提升商业银行效率的途径。学者们发现 X 效率更能揭开金融机构效率的"黑箱"，Berger 和 Humphrey 的研究表明反映金融机构管理能力的 X 低效率所导致的效率损失为总成本的 20%。Carbo、Gardener、Williams 也发现欧洲储蓄银行通过提高 X 效率节约了 22%的成本。加入 WTO 后，特别是现阶段怎样提高效率成为中国商业银行尤其是国有商业银行生存和发展的关键，因此近年来国内关于商业银行 X 效率的研究也就成为一个热点：姚树洁、冯根福、姜春霞（2004）发现非国有商业银行比国有商业银行效率高 11%~18%；迟国泰、孙秀峰、芦丹（2005）认为中国商业银行成本效率值并不很差；王聪（2006）发现 GDP 增长率、固定资产投资增长率和广义货币供应量（M2）的增长率能够对 X 效率水平产生正影响；徐传谌、齐树天（2007）验证了政府对于国有商业银行的扶持和调整在降低其成本方面取得了不错的效果；李艳虹（2008）对发达国家商业银行的股权结构模式进行了国际比较。以上研究对中国商业银行 X 效率进行了有益的探索，但与国外的研究相比，我们的研究还存在以下疏漏和不足：第一，研究的方法存在缺陷；第二，现有的实证研究在投入和产出上没有统一的界定；第三，现有的实证研究没有完整揭示商业银行对收入的管理。针对以上不足，本文拟进行如下改进和创新：第一，在研究方法上，笔者为克服参数法的缺点，采用能够更好拟合金融机构数据的傅里叶弹性函数形式；第二，在变量选取上，采用修正的产出法，并在构建成本和利润方程时体现了存款的投入和产出特征；第三，在研究内容上，引入利润效率和替代利润效率对商业银行效率进行综合评价，揭示了商业银行对收入的管理；同时在运用面板数据模型时注意克服变量间多重共线性、量纲不同等问题；笔者期望通过对中国 17 家商业银行 2009~2019 年的效率进行评价，找寻能够提升中国商业银行效率的途径。

3.2　效率的概念及理论起源

Farrell 在 Debreu 和 Koopmans 研究的基础上提出了前沿函数思

想，利用线性规划方法及对偶原理，通过对商业银行的投入产出指标进行组合分析，评价商业银行的成本效率。1966 年，美国经济学家莱宾斯坦在研究非竞争产生的低效率时提出了"X 效率"概念，其核心部分就是测度效率。Berger、Mester 等对 X 效率的定义进行不断完善和补充，他们界定 X 效率为"除规模和范围影响之外的所有技术和配置效率之总和，是关于整合技术、人力资源及其他资产来生产给定产出的管理水平的测度，衡量的是控制成本和使产出最大化的企业管理能力的差异"。Berger 等学者引证了 130 项有关金融机构效率的研究，使用了来自 21 个国家多个时期的数据，估计了 6000 家美国商业银行的效率，发现使用多重效率更能反映 X 效率，本书引入 Berger 提出的效率概念（将商业银行效率分为成本效率、标准盈利效率及替代盈利效率）来解释中国商业银行的效率。

3.2.1 成本效率

成本效率的功能是评估在环境相同、需要得到相同产出的前提下，样本银行的成本接近最佳运营银行成本的程度，这可由成本函数推算得到，用公式表示如下：

$$C = C(w, y, z, u, u_c, \varepsilon_c) \qquad (3-1)$$

其中，C 是用来评估可变成本的；w 是可变投入价格向量；y 是可变产出量向量；z 是任何固定净投入（或产出）量，用以说明可变投入（或产出）的替代性或补充性对可变成本的影响；u 是一组可能影响金融机构效率的环境或市场变量；u_c 是可能使成本高于最佳运营水平的无效率因素；ε_c 是随机误差项，它表示可能暂时提高或降低成本的误差。无效率项 u_c 将配置无效率和技术无效率合而为一，配置无效率指未能对相关的投入价格 w 做出最优反应，技术无效率指为了产出 y 而投入过多。为了简化效率评估工作，我们假定无效率项 u_c 和随机误差项 ε_c 与成本函数其他项是多重可分的，用自然对数表示公式（3-1）得到：

$$\ln C = f(w, y, z, u) + \ln u_c + \ln \varepsilon_c \quad (3-2)$$

这里 f 表示函数形式，$\ln u_c + \ln \varepsilon_c$ 项表示复合误差项，各种各样的 X 效率评估方法的不同之处就在于如何区分无效率项 $\ln u_c$ 与随机误差项 $\ln \varepsilon_c$，我们对随机误差进行调整的结果便是其成本效率。用公式表示如下：

$$CostEFF^b = \frac{\hat{C}^{\min}}{\hat{C}^b} = \frac{\exp[\hat{f}(w, y, z, u)] \times \exp[\ln(\hat{u}_c^{\min})]}{\exp[\hat{f}(w, y, z, u)] \times \exp[\ln(\hat{u}_c^b)]} = \frac{\hat{u}_c^{\min}}{\hat{u}_c^b} \quad (3-3)$$

这里 $\hat{u}_c^{\min}$ 表示样本中所有银行的最小值。

3.2.2 标准盈利效率

如果特定水平的投入与产出价格（及其他变量）已经给定，标准盈利效率就能评估样本银行接近它能实现的最大可能利润的程度。盈利因变量考虑了可能随投入或产出而变动的收入因素。标准盈利效率函数的对数形式是：

$$\ln(\pi + \theta) = f(w, p, x, u) + \ln u_\pi + \ln \varepsilon_\pi \quad (3-4)$$

其中，π 为金融机构可变利润，包括通过可变产出减去可变成本 C（已在成本函数中使用）而赚取的所有利息和收入；θ 是一个加于每家金融机构利润之上的常量,该常量使其自然对数能取正值; p 是可变产出的价格向量;$\ln\varepsilon_\pi$ 代表随机误差;$\ln u_\pi$ 代表使利润减少的无效率。

本书将标准盈利效率定义为预计实际利润与预计最大利润的比率,或者实际赚得最大利润的比例。其中,预计最大利润是指当银行与样本中的最佳银行一样有效率时能够赚取并扣除随机误差后的利润:

$$Std\pi EFF = \frac{\hat{u}_\pi^i}{\hat{u}_\pi^{\max}} = \frac{\{\exp[\hat{f}(w,p,z,u)]\times\exp[\ln(\hat{u}_\pi^i)]\}-\theta}{\{\exp[\hat{f}(w,p,z,u)]\times\exp[\ln(\hat{u}_\pi^{\max})]\}-\theta} \quad (3-5)$$

其中,$\hat{u}_\pi^{\max}$ 是样本中 $\hat{u}_\pi^i$ 的最大值。

3.2.3 替代盈利效率[①]

确定替代盈利效率的概念是近年来国外学者在效率分析中的最新研究进展,当关于成本和标准盈利效率的一些基础假定不成立时,这一概念很有帮助。在给定产出水平而不是产出价格时,一家银行接近赚得最大利润的观测值便是这种效率。替代盈利效率函数采用了与标准盈利效率相同的因变量,以及与成本函数相同的外生变量。因此,替代盈利效率函数不像在标准盈利效率函数中那样将最优产出偏差视为无效率,而是像在成本函数中一样,当产出价格能够自由变动并影响利润时,保持可变产出的恒定。对数形式的替代盈利效率如下:

---

① 相对于最佳运营银行,如果银行选择了较低的服务质量,而这些选择表现为较低产出价格和收入,替代盈利效率评估值将会准确地描述无效率的根源。

$$\ln(\pi+\theta) = f(w,y,z,u) + \ln u_{a\pi} + \ln \varepsilon_{a\pi} \tag{3-6}$$

函数中除了用 y 替代 p、f 分别产生无效率项 $\ln u_{a\pi}$ 与随机误差项 $\ln \varepsilon_{a\pi}$ 两个不同的值外，其形式与标准盈利效率一样。替代盈利效率是最佳运营银行的预期实际利润与预期最大利润之比：

$$Alt\pi EFF = \frac{a\hat{\pi}}{a\hat{\pi}^{\max}} = \frac{\{\exp[\hat{f}(w,y,z,u)] \times \exp(\ln \hat{u}_{a\pi})\} - \theta}{\{\exp[\hat{f}(w,y,z,u)] \times \ln \hat{u}_{a\pi}^{\max}\} - \theta} \tag{3-7}$$

效率值可以按照一种重要的方式随产出价格变动，选择产出量的误差不会影响替代盈利效率。

3.3　构建基于参数法的商业银行效率前沿模型分析框架

3.3.1　投入和产出项的选择

国内外学者在商业银行效率问题研究上存在一个争论，即如何定义基础方程中多产品金融企业的投入和产出项（姚树洁等，2004）。由于存款同时具有投入和产出的特征，已有文献在这个问题上提出了不同的方法，主要可分为中介法①、产出法②、附加值法和成本法四类。国外学者提出了一种修正的产出法，这种方法的成本利润方

---

① 由 Benston、Hanweck 和 Humphrey 提出，通常以放款及投资作为产出项目，而将员工、资本、设备及存款视为投入项目，营业费用及利息费用则列为投入成本。
② 由 Benston、Belz 和 Murphy 提出，即商业银行的产出项是以各种服务性产出的交易件数或交易户数为单位来进行研究的，商业银行投入项则是指提供的服务性产出所投入的营业总成本。

程同时考虑存款的投入和产出特征。依据这种方法，存款利息支出被视为投入，而存款总量则被视为产出。在构建成本利润方程时，采用修正后的产出法，即以贷款、存款和投资作为产出，以人力价格、资本价格和存款价格作为投入。

3.3.2 随机前沿生产函数模型

为了真实反映随机测量误差对成本效率的影响，本研究选择了随机边界法。与非参数法相比，随机边界法考虑了随机误差的干扰，而且效率评价结果离散度较小，可用作统计检验。这些优点都较为适合中国商业银行效率研究。其基础模型主要有三种，即超越对数函数（Trans-Log Function）、广义超越对数函数（Box-Cox Function）以及傅里叶柔性函数（Fourier Flexible Function）。文献中最常见的形式是超越对数函数，但是超越对数函数对商业银行的产出规模或组合均值的拟合性差[1]，因此我们需要用一个更富有弹性的函数形式来解决这个问题。Berger 和 De Young 的研究表明，傅里叶弹性函数相比于超越对数函数能更好地拟合金融机构的数据，因为傅里叶弹性函数通过傅里叶三角函数项扩展了超越对数函数，它比超越对数函数更富有弹性。

本书估计效率的随机前沿生产函数模型是 Berger 提出的傅里叶弹性函数形式，这是一个包括标准超越对数和傅里叶三角项的总体近似估计。其函数形式如下：

---

[1] 由 McAllister 和 McMmanus、Mitchell 和 Onvural 提出，规模经济的不同研究成果存在差异可能是因为超对数函数对各种不同规模的银行的拟合性很差，而且数据中有些银行的规模可能被低估。

$$\ln(C/w_3z_3) = a + \sum_{i=1}^{2}\beta_i \ln(w_i/w_3) + \frac{1}{2}\sum_{i=1}^{2}\sum_{j=1}^{2}\beta_{ij}\ln(w_i/w_3)\ln(w_j/w_3)$$

$$+ \sum_{k=1}^{3}\gamma_k \ln(y_k/z_3) + \frac{1}{2}\sum_{k=1}^{3}\sum_{m=1}^{3}\gamma_{km}\ln(y_k/z_3)\ln(y_m/z_3)$$

$$+ \sum_{r=1}^{2}\delta_r \ln(z_r/z_3) + \frac{1}{2}\sum_{r=1}^{2}\sum_{s=1}^{2}\delta_{rs}\ln(z_r/z_3)\ln(z_s/z_3)$$

$$+ \sum_{i=1}^{2}\sum_{k=1}^{3}\eta_{ik}\ln(w_i/w_3)\ln(y_k/z_3) + \sum_{i=1}^{2}\sum_{r=1}^{2}\rho_{ir}\ln(w_i/w_3)\ln(z_r/z_3)$$

$$+ \sum_{k=1}^{3}\sum_{r=1}^{2}\tau_{kr}\ln(y_k/z_3)\ln(z_r/z_3) + \sum_{n=1}^{7}\left[\varphi_n \cos(x_n) + \omega_n \sin(x_n)\right]$$

$$+ \sum_{n=1}^{7}\sum_{q=n}^{7}\left[\varphi_{nq}\cos(x_n+x_q) + \omega_{nq}\sin(x_n+x_q)\right]$$

$$+ \sum_{n=1}^{7}\left[\varphi_{nnn}\cos(x_n+x_n+x_n) + \omega_{nnn}\sin(x_n+x_n+x_n)\right] + \ln u_c + \ln \varepsilon_c \quad (3-8)$$

详细的变量描述参见表 3.1。

表 3.1 成本函数、标准盈利函数和替代盈利函数使用的变量

因变量	定义	计算方式
C	包括购入资金、贷款和劳动力成本	可变运营成本加上利息成本
π	可变利润	可变产出减去可变成本
可变投入价格		$w_1 + w_2 + w_3$
w_1	购入资金价格	
w_2	核心存款价格	
w_3	劳动力价格	
可变产出量		$y_1p_1 + y_2p_2 + y_3p_3$
y_1	消费贷款	
y_2	商业贷款	
y_3	所有非贷款金融资产	

续表

因变量	定义	计算方式
可变产出价格		
p_1	消费贷款价格	
p_2	商业贷款价格	
p_3	所有非贷款金融资产价格	

其中，每家银行的 (y_k/z_3)、(z_r/z_3) 都加了1，以避免其自然对数值为零，x_n 项 ($n=1,\cdots,7$) 按照 $\ln(w_i/w_3)$ ($i=1,2$)，$\ln(y_k/z_3)$ ($k=1,2,3$) 和 $\ln(z_r/z_3)$ ($r=1,2$) 三个公式重新计算得到，这样可以保证每一个 x_n 在 $[0.2,\pi]$ 内，这里 π 指的是弧度数（不同利润），本函数还将标准对称限制运用于函数的超对数部分 ($\beta_{ij}=\beta_{ji}$，$y_{km}=y_{mk}$，$\delta_{rs}=\delta_{sr}$)。

3.4 中国商业银行效率的实证分析

3.4.1 样本数据的选用

本书的数据来源于 2010~2020 年的《中国金融年鉴》、中国货币网公布的城市商业银行年报和各商业银行网站。华夏银行缺少部分年份数据，另外由于数据获取存在困难，我们收集了三个直辖市商业银行的数据。本书所选取的样本银行为中国工商银行、中国建设银行、中国农业银行、中国银行、兴业银行、广东发展银行、华夏银行、浦东发展银行、深圳发展银行、招商银行、光大银行、民生银行、中信银行、交通银行、北京银行、上海商业银行和重庆商业银行等17家商业银行，样本的时间跨度为2009~2019年。展开实证分析的基础是截面和时间序列的混合数据库，样本所包含的17家银行均有十年的资料，整体上为平行面板数据。

3.4.2 参数估计

（1）最小二乘估计

本节采用Coelli的计算程序Frontier 4.1，对公式（3-8）的参数进行了估计，如表3.2所示，所有参数的统计检验均显著，且具有正确的符号，其估计结果如下。

表3.2 普通最小二乘估计结果

	常数项	$\ln w_1$	$\ln w_2$	$\ln w_3$	$\ln (y/z)$	δ^2	LIF
系数	-5.39	-0.39	-40.65	-0.51	49.01	0.246	149
t值	-10.21	-2.65	-2.04	2.91	3.61		
显著性	***	**	**	***	***	***	***

注：*** 表示在1%置信水平下显著，** 表示在5%置信水平下显著，* 表示在10%置信水平下显著。

（2）最大似然估计

似然比检验方法的基本思想是这样的。零假设可以视作参数带约束的集合，这个集合约束了似然函数可取的最大值。假定我们得到了一个以观测样本为依据的无约束最大似然估计集合，并把这个结果和由零假设定义的参数集合相比较。如果在这两个集合中得到的似然函数最大值是充分接近的，就支持零假设为真的猜测；如果在这两个集合中得到的似然函数最大值差异很大，则零假设的合理性就很值得怀疑。为检验非效率项是否存在，本书依照Battese 和

Coelli 的方法对公式（3-8）进行最大似然估计检验。$LR = 26.82$，该值大于 x^2 分布在 1% 置信水平下的临界值 11.34，说明成本效率值存在显著差异，说明上述模型的无效率项可以较大程度上解释随机误差项，还表明文中随机前沿成本函数是有效的。

表 3.3 最大似然估计结果

	常数项	$\ln w_1$	$\ln w_2$	$\ln w_3$	$\ln(y/z)$	δ^2	LIF	LR	γ
系数	-4.99	-0.26	-40.75	-0.56	38.51	0.36	139	26.82	0.978
t 值	-13.91	-2.60	12.44	2.99	4.61	2.92			
显著性	***	***	***	***	***	***	***	***	***

注：*** 表示在 1% 置信水平下显著，** 表示在 5% 置信水平下显著，* 表示在 10% 置信水平下显著。

3.4.3 效率的实证结果与分析

我们利用程序 Frontier 4.1 可以计算出各商业银行在不同时期的成本效率、标准盈利效率和替代盈利效率水平。总体上看，样本期内成本效率的分布相对集中，区间为 [0.2675, 0.9968]，其中中国工商银行 2009 年的成本效率最低，招商银行 2019 年的成本效率最高；标准盈利效率水平分布于 [0.4412, 0.9725] 的区间，其中招商银行 2009 年的标准盈利效率最高，重庆商业银行 2019 年的标准盈利效率最低；替代盈利效率分布于 [0.4403, 0.9725] 的区间，其中招商银行 2009 年的替代盈利效率最高，重庆商业银行 2019 年的替代盈利效率最低。无论是在成本效率方面还是在盈利效率方面，股份制商业银行的效率水平均高于四大国有商业银行的效率水平。通过对 2009~2019 年样本银行的效率进行分析，得出如下结论。

第一，从成本效率来分析，所有样本银行的平均效率值不高，但在时间序列上呈一定的增长趋势。股份制银行的平均效率值相对较高且增长趋势明显，国有银行的平均效率相对较低。若单独对各家银行进行分析，发现在国有银行中，中国银行的效率相对较高，中国工商银行效率则较低；股份制银行中招商银行、浦东发展银行、深圳发展银行等效率较高，但光大银行、兴业银行仅与国有银行效率相当，甚至略低，没能发挥股份制银行的比较优势；城市商业银行效率较低（见表3.4和图3.1）。

表 3.4　2009~2019 年成本效率估算结果

银行	2009年	2010年	2011年	2012年	2013年	2014年	2015年	2016年	2017年	2018年	2019年
工行	0.2675	0.2739	0.3319	0.3668	0.4709	0.5461	0.5982	0.6334	0.7157	0.8136	0.9235
中行	0.7883	0.8032	0.8593	0.8771	0.8912	0.9310	0.9543	0.9606	0.9767	0.9800	0.9899
建行	0.7713	0.7989	0.8432	0.8989	0.9112	0.9234	0.9476	0.9566	0.9657	0.9733	0.9802
农行	0.7624	0.8012	0.8345	0.8567	0.8856	0.9069	0.9241	0.9496	0.9615	0.9761	0.9861
交行	0.8315	0.8456	0.8875	0.9097	0.9267	0.9532	0.9612	0.9699	0.9752	0.9836	0.9904
中信	0.8934	0.9191	0.9245	0.9361	0.9458	0.9506	0.9589	0.9657	0.9742	0.9884	0.9950
华夏	0.8890	0.9061	0.9132	0.9246	0.9364	0.9471	0.9538	0.9664	0.9785	0.9901	0.9937
民生	0.8462	0.8678	0.8789	0.8973	0.9292	0.9429	0.9516	0.9671	0.9763	0.9800	0.9916
招商	0.9341	0.9595	0.9613	0.9689	0.9702	0.9767	0.9817	0.9868	0.9906	0.9946	0.9968
兴业	0.5758	0.5967	0.6312	0.7373	0.8861	0.9042	0.9237	0.9419	0.9683	0.9725	0.9800
光大	0.8021	0.8537	0.8784	0.8981	0.9173	0.9456	0.9696	0.9714	0.9806	0.9871	0.9907
深发	0.9056	0.9194	0.9231	0.9325	0.9426	0.9567	0.9671	0.9725	0.9834	0.9925	0.9943
浦发	0.9125	0.9301	0.9491	0.9562	0.9599	0.9637	0.9689	0.9750	0.9906	0.9928	0.9956

续表

银行	2009年	2010年	2011年	2012年	2013年	2014年	2015年	2016年	2017年	2018年	2019年
广发	0.9307	0.9443	0.9512	0.9664	0.9695	0.9702	0.9807	0.9824	0.9895	0.9909	0.9911
北京	0.8780	0.9087	0.9124	0.9184	0.9267	0.9341	0.9671	0.9724	0.9757	0.9844	0.9870
上海	0.9156	0.9206	0.9267	0.9361	0.9426	0.9493	0.9536	0.9678	0.9731	0.9856	0.9935
重庆	0.8123	0.8325	0.8398	0.8457	0.8576	0.8610	0.8647	0.8707	0.8924	0.8950	0.8966
当年效率均值	0.8082	0.8297	0.8509	0.8727	0.8987	0.9160	0.9313	0.9423	0.9572	0.9697	0.9812

图 3.1 样本期内各银行成本效率平均值

第二，从标准盈利效率来分析，所有样本银行的平均效率值在2009年时较高，且在时间序列上呈一定的下降趋势。国有银行的平均效率值相对较低，且下降趋势明显，并在 0.47~0.96 徘徊；股份制银行平均效率值相对较高，并在 0.58~0.97 徘徊。若单独对各家银行进行分析，可以发现在国有银行中，中国银行的效率相对较高，农行效率则较低；股份制银行中招商银行、浦东发展银行、深圳发展银行等效率较高，但光大、中信银行仅与国有银行效率相当；城市商业银行中重庆商业银行效率最低（见表3.5和图3.2）。

表 3.5 标准盈利效率估算结果

	2009年	2010年	2011年	2012年	2013年	2014年	2015年	2016年	2017年	2018年	2019年
工行	0.9587	0.9320	0.9256	0.9015	0.8762	0.8582	0.7982	0.7051	0.6535	0.6071	0.5757
中行	0.9650	0.9312	0.9273	0.9067	0.8807	0.8627	0.8065	0.7563	0.7042	0.6816	0.6636
建行	0.8628	0.8513	0.8467	0.8036	0.7971	0.7752	0.7183	0.6749	0.6642	0.6530	0.6477
农行	0.8832	0.8077	0.7412	0.7356	0.7078	0.6845	0.6459	0.6013	0.5721	0.5015	0.4691
交行	0.8663	0.8592	0.8416	0.8097	0.7841	0.7703	0.7480	0.6976	0.6817	0.6747	0.6561
中信	0.9424	0.9013	0.8765	0.8631	0.8042	0.7871	0.7637	0.7079	0.6870	0.6657	0.6346
华夏	0.9429	0.9006	0.8658	0.8578	0.7934	0.7796	0.7531	0.7002	0.6786	0.6589	0.6224
民生	0.9536	0.8978	0.8518	0.8491	0.7821	0.7667	0.7415	0.6967	0.6658	0.6463	0.6136
招商	0.9725	0.9536	0.9462	0.9243	0.9093	0.8932	0.8673	0.8067	0.7919	0.7853	0.7767
兴业	0.9379	0.8902	0.8507	0.8460	0.7806	0.7432	0.7401	0.6917	0.6708	0.6527	0.6191
光大	0.9403	0.8987	0.8638	0.8546	0.7923	0.7742	0.7506	0.6987	0.6608	0.6387	0.5911
深发	0.9503	0.9004	0.8680	0.8541	0.7914	0.7736	0.7501	0.6963	0.6588	0.6343	0.5886
浦发	0.9676	0.9181	0.8790	0.8686	0.8054	0.7845	0.7681	0.7047	0.6881	0.6781	0.6647
广发	0.9580	0.8993	0.8676	0.8537	0.7910	0.7732	0.7497	0.6940	0.6560	0.6301	0.5842
北京	0.8723	0.8063	0.7324	0.7212	0.6976	0.6705	0.6346	0.5994	0.5636	0.4923	0.4523
上海	0.8856	0.8190	0.7428	0.7346	0.7045	0.6727	0.6416	0.6033	0.5760	0.5049	0.4607
重庆	0.8323	0.8005	0.7313	0.7203	0.6945	0.6636	0.6307	0.5934	0.5615	0.4859	0.4412
当年效率均值	0.9230	0.8829	0.8504	0.8332	0.7913	0.7678	0.7357	0.6840	0.6549	0.6230	0.5918

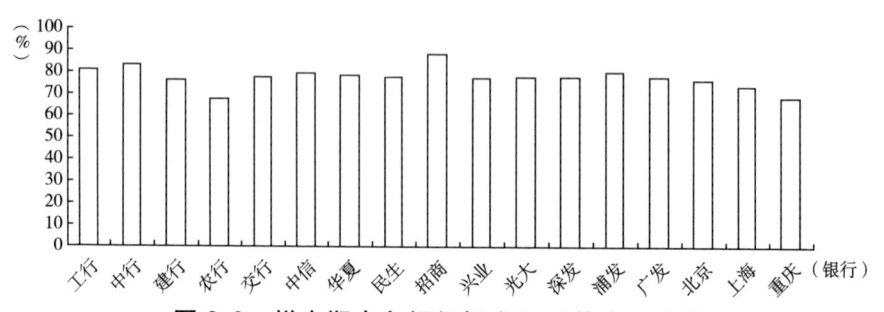

图 3.2 样本期内各银行标准盈利效率平均值

第三，从替代盈利效率来分析，其结果和标准盈利效率接近，在时间序列上呈一定的下降趋势。国有银行的平均效率值相对较低，且下降趋势明显；股份制银行平均效率值相对较高，并在 0.58～0.97 徘徊。若单独对各家银行进行分析，可以发现在国有银行中，中国银行的效率相对较高，农行效率则较低；股份制银行中招商银行效率较高，城市商业银行中重庆商业银行效率最低（见表 3.6 和图 3.3）。

表 3.6 替代盈利效率估算结果

	2009 年	2010 年	2011 年	2012 年	2013 年	2014 年	2015 年	2016 年	2017 年	2018 年	2019 年
工行	0.9587	0.9427	0.9358	0.9117	0.8868	0.8687	0.8085	0.7153	0.6639	0.6176	0.5859
中行	0.9650	0.9419	0.9378	0.9169	0.8917	0.8737	0.8175	0.7667	0.7146	0.6917	0.6738
建行	0.8628	0.8614	0.8567	0.8136	0.8073	0.7852	0.7283	0.6849	0.6746	0.6636	0.6577
农行	0.8832	0.8177	0.7516	0.7456	0.7188	0.6945	0.6559	0.6116	0.5827	0.5116	0.4795
交行	0.8663	0.8694	0.8517	0.8197	0.7943	0.7804	0.7582	0.7976	0.6917	0.6847	0.6662
中信	0.9424	0.9119	0.8865	0.8733	0.8142	0.7971	0.7737	0.7179	0.6977	0.6757	0.6446
华夏	0.9429	0.9106	0.8758	0.8678	0.8034	0.7896	0.7631	0.7107	0.6886	0.6689	0.6325
民生	0.9536	0.9078	0.8618	0.8591	0.7921	0.7767	0.7515	0.7067	0.6758	0.6563	0.6236
招商	0.9725	0.9636	0.9565	0.9343	0.9193	0.9032	0.8773	0.8167	0.8019	0.7953	0.7867
兴业	0.9379	0.9002	0.8607	0.8565	0.7906	0.7537	0.7505	0.7017	0.6808	0.6627	0.6291
光大	0.9403	0.9087	0.8738	0.8646	0.8023	0.7842	0.7606	0.7087	0.6708	0.6487	0.6011
深发	0.9503	0.9104	0.8780	0.8641	0.8014	0.7836	0.7601	0.7063	0.6688	0.6443	0.5986
浦发	0.9676	0.9281	0.8890	0.8786	0.8154	0.7945	0.7781	0.7147	0.6981	0.6881	0.6747
广发	0.9580	0.9093	0.8776	0.8637	0.8010	0.7832	0.7597	0.7040	0.6660	0.6401	0.5942
北京	0.8723	0.8003	0.7305	0.7202	0.6946	0.6695	0.6335	0.5984	0.5616	0.4902	0.4512
上海	0.8856	0.8184	0.7418	0.7316	0.7005	0.6707	0.6402	0.6023	0.5740	0.5036	0.4597
重庆	0.8323	0.7905	0.7300	0.7193	0.6905	0.6616	0.6303	0.5924	0.5605	0.4842	0.4403
当年效率均值	0.9230	0.8902	0.8584	0.8406	0.7984	0.7763	0.7441	0.6974	0.6630	0.6327	0.6005

图 3.3　样本期内各银行替代盈利效率平均值

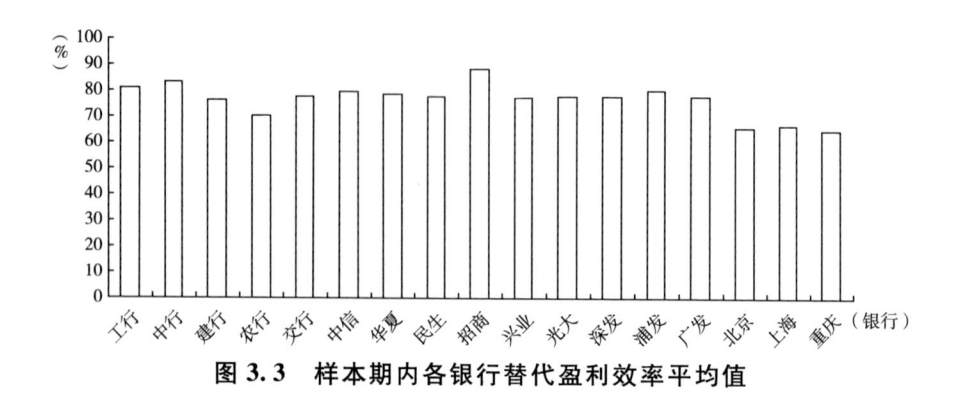

第四，我国商业银行业中最具活力、效率最高的是股份制商业银行，效率最低的是服务范围限制在单一地区的城市商业银行。根据 Frontier 4.1 程序运算结果，可以得到各银行的效率值，我们还对 17 家商业银行效率的描述性统计值进行排序，借此来鞭策效率测度低的银行改善管理能力（见表 3.7）。尽管国有商业银行在历年的效率评价中均处于规模报酬递减区域，但随着资产规模的增加，其年平均效率不仅没降低，反而有所上升，说明我国商业银行业还存在着 X 效率。这一结论与 Michael Firth 的实证分析相一致，同时也说明只要不断提高内部管理水平，国有商业银行完全可以在扩大资产规模的同时不断提高资源配置效率。

表 3.7　效率的描述性统计值及排名

银行	均值	标准差	标准离差率	均值排名	银行	均值	标准差	标准离差率	均值排名
招商	0.875182	0.201	0.278	1	浦发	0.793355	0.247	0.332	4
中行	0.825982	0.218	0.311	2	中信	0.784864	0.302	0.408	5
工行	0.799255	0.217	0.214	3	华夏	0.777573	0.165	0.529	6

续表

银行	均值	标准差	标准离差率	均值排名	银行	均值	标准差	标准离差率	均值排名
交行	0.762664	0.156	0.291	7	建行	0.754073	0.9241	0.9496	13
深发	0.769627	0.269	0.927	8	农行	0.693910	0.9612	0.9699	14
民生	0.769545	0.305	0.461	9	上海	0.667791	0.9589	0.9657	15
光大	0.769436	0.5982	0.6334	10	北京	0.658409	0.9538	0.9664	16
广发	0.768800	0.9543	0.9606	11	重庆	0.650473	0.9516	0.9671	17
兴业	0.765727	0.9476	0.9566	12					

3.5 本章小结

3.5.1 主要分析结果

本书借鉴国外 X 效率的概念，采用修正的产出法确定参数法中的投入和产出项，再利用参数法对数字化转型背景下中国 17 家商业银行 2009~2019 年效率状况进行了全面分析，分析结果如下。

第一，从成本效率来分析，所有样本银行的平均效率值不高，但在时间序列上呈一定的增长趋势。股份制银行的平均效率值相对较高且增长趋势尤为明显，国有银行的平均效率相对较低。

第二，从标准盈利效率来分析，所有样本银行的平均效率值在 2009 年时较高，但在时间序列上呈一定的下降趋势。国有银行的平均效率值相对较低，且下降趋势尤为明显；股份制银行平均效率值相对较高。

第三，从替代盈利效率来分析，其结果和标准盈利效率分析结果接近，在时间序列上呈一定的下降趋势。国有银行的平均效率值相对较低，且下降趋势明显；股份制银行平均效率值相对较高。

第四，我国商业银行业中效率最高的是股份制银行，效率最低的是服务范围限制在单一地区的城市商业银行。尽管我国商业银行在观察期间的效率均处于规模报酬递减区域，但随着资产规模的增加，其年平均效率不仅没降低，反而有所上升，说明我国商业银行业存在着 X 效率。

3.5.2 主要的特色与创新

本书采用了修正后的产出法，即在构建成本利润方程时，以贷款、存款和投资作为产出，以人力价格、资本价格和存款价格作为投入；对商业银行进行效率估计时采用修正后的产出法并充分考虑了存款的投入和产出特征，将存款利息支出视为投入，而将存款总量视为产出。

克服了参数法的缺点。参数法常用的超越对数函数对商业银行的产出规模或组合均值的拟合性差，本书采用傅里叶弹性函数比超越对数函数更富有弹性，并且几乎是任何成本或利润函数的整体近似，使得实证研究能够更好地拟合金融机构的数据。

引入利润效率和替代利润效率对商业银行效率进行综合评价，揭示了商业银行对收入的管理，同时在运用面板数据模型时克服了变量间多重共线性、量纲不同等问题。

4 数字化转型背景下股权结构改革对中国商业银行效率影响的实证研究

4.1 问题的提出

改革开放 40 多年来中国商业银行产权改革经历了四个阶段。(1) 银行改革的起步阶段。1978~1984 年,经济体制改革要求中国银行体系进行制度调整,四大国有银行从中国人民银行独立出来,在制度上实行了货币发行与信贷的分离。(2) 银行体系市场化的探索阶段。1985~1996 年,我国建立了初步的市场化框架。成立了一批股份制银行,并对国有银行进行了企业化改革,加强利润和成本核算,在国有银行内部进行了初步的市场化转变和探索。(3) 国有银行产权边界收缩阶段。1997 年的亚洲金融危机使中国宏观经济发生转折,国有银行积累了大量的不良贷款,来自内外部的双重冲击迫使国有银行改变原来不顾经济效率、单纯的规模扩张模式,对分支机构进行地区间的结构性撤并和重组,收缩了国有银行产权边界。1998~2000 年国家连续推出为国有银行补充 2700 亿元资本金、成立四家金融资产管理公司剥离 14000 多亿元不良资产等政策。(4) 产权改革的深化阶段。2004年四大国有银行改制的日程表已编制就绪，规范的股东大会、董事会、监事会制度逐步建立，我国商业银行引进了国内外战略投资者，实现了投资主体多元化。此阶段改革又分为三个步骤：一是财务重组作为改革的前提和基础，主要在国家政策的扶持下消化历史包袱，改善财务状况；二是公司治理机制改革是改革的核心和关键，应当在现代银行制度的要求下，借鉴国际先进经验对银行的经营管理体制和内部运行机制进行改造；三是在资本市场上市是国有银行股份制改革的深化和升华。在境内外资本市场上市能进一步改善商业银行股权结构，并使我国商业银行真正接受市场的监督和检验。

大数据、人工智能、区块链等技术深刻改变了客户行为和金融服务模式，金融科技企业进入金融市场，也加速了间接金融的脱媒，数字化金融的浪潮赋予股权结构改革新的时代特色。在当前数字化转型的背景下，从中国银行业引入外资战略投资者、改善银行股权结构、提升公司治理水平等视角入手，研究股权结构改革与商业银行效率问题具有重要的理论意义与实践价值。

4.2　有关股权结构对商业银行效率影响的研究

国外关于发展中国家或者转型国家的股权结构对效率影响的研究如下。Delfino发现阿根廷的国内私人银行成本效益高于外资银行，同时比国有银行更有效率。Berger等对28个发展中国家的研究发现外资银行利润效率最高，紧随其后的是国内私人银行，然后是国有银行。Bonin等对来自东欧国家的数据进行研究，发现外资银行是最有效率的，然后是国内私人银行，最后是国有银行。有关学者对巴基斯坦的研究发现，外资银行利润效率比国有银行和国内私人银行更高，但是三者成本效率相近。Yildirim 和 Philippatos 的研究结果发现，在转型国家中，外资银行成本效率更高，但其利润效率比国内私人银行和国有银行低。上述国外研究在研究方法、数学模型、问题的深入程度、指标体系的完整程度等方面都比较成功，但将上述研究方法直接运用到我国银行效率研究中，会存在以下问题。首先，虽同为发展中国家，但各国金融体制、金融发展水平、金融开放程度、银行体系结构等存在差异，特别是我国银行业正处于改革阶段，我国银行效率问题有其独有的特点。其次，在技术层面，国外在测度股权结构因素时采用的指标有些难以量化，有些在我国难以搜集到准确数据，所以在研究这一问题时不能照搬国外的做法。

国内关于股权结构对商业银行绩效影响的研究，主要有以下两种观点。一种是产权决定论。刘伟和黄桂田（2002）运用 SCP 框架对银行效率进行了研究，认为中国商业银行效率存在的主要问题是国有银行产权结构单一；张健华（2003）认为影响我国商业银行 X 效率的外部因素包括所有权形式等的差异；李维安、曹廷求（2004）对山东、河南两省城市商业银行进行研究，发现集中的股权结构对商业银行绩效有着积极的作用；郭妍（2005）认为产权形式是我国商业银行效率的决定性因素；吴栋和周建平（2007）发现国有股权会对商业银行效率产生显著的负面影响；李艳虹（2008）从国际比较的角度探讨了股权结构模式对商业银行绩效的影响，实证结果显示股权结构对我国商业银行绩效具有显著的影响。另一种是超产权论①。黄宪（2003）等认为产权变动只是改变了激励机制，并不能保证绩效一定会提高，产权变动只有在市场竞争的前提下才能使产权制度发挥其激励作用，才能提高产权创造效率；迟国泰等人（2005）的研究显示，国内股份制商业银行与国有独资银行在资金配置效率上没有显著的差异。

综观以上研究成果，目前国内在股权结构对商业银行效率影响的问题研究（尤其是实证研究）上存在以下疏漏和不足。第一，研究的方法存在缺陷。用于效率研究的参数法和非参数法各有其优缺点，如非参数法对样本中的异常观测值②极端敏感，并且该方法没有考虑随机误差；参数法考虑了随机误差，但其函数形式缺乏弹性，可能会导致产出规模或组合均值的拟合性差。第二，现有的实证研究在投入和产出上没有统一的界定。不同的投入和产出界定会影响模型结构的选择，而模型结构的选择最终会对效率估计的结果产生重大影响。第三，现有的实证研究虽然已经从技术效率（TE）、配置效率（AE）和成本效率（CE）方面研究了银行效率，但都无法完整地揭示银行对收入的管理，而银行对收入的管理正是不同股权结构银行效率差异之所在。

针对以上不足，本书拟进行如下改进和创新。在研究方法上，笔者为克服参数法的缺点，采用能更好拟合金融机构数据的傅里叶弹性函数形式；在变量选取上，作者先把银行按照不同股权结构进

---

① "超产权论"是对"产权论"的延伸和发展，它在产权论的基础上，发展了竞争激励与效率的关系。"超产权论"者认为改变产权只是改变公司治理机制的一种手段，它只改变了银行的经营激励机制，但这种改变并不一定能够提高银行效率，竞争是激励的又一个重要的基本要素，没有竞争，只有产权的改革，并不能达到预期效果。

② 异常观测值是指那些由于测度误差或异常事件等因素数值明显偏大或偏小的观测值，其会引起整个效率前沿发生移动（变化），从而扩大整个行业的技术能力。

行分类，然后采用修正的产出法，使成本和利润方程同时考虑存款的投入和产出特征；在研究内容上，利润效率可以揭示银行对收入的管理成效，因此引入利润效率和成本效率对银行效率进行综合评价；在运用面板数据模型时克服了变量间多重共线性、量纲不同等问题。

4.3 中国商业银行效率 SFA 模型评价原理

4.3.1 随机前沿法（SFA）理论模型

在估计银行效率最优边界的方法中，参数法与非参数法各有利弊。为了剥离计算中产生的随机误差可能造成的潜在影响，并得到各样本银行在不同时期的效率绝对值，本书选用参数法中的随机前沿法（SFA）作为研究工具。随机前沿法（SFA）界定了成本、利润或生产函数的函数形式，并且允许误差项包括无效率因素。本书为区分两种成分而对误差项分布所做的两个假设是：（1）无效率因素用 μ 表示，且服从非对称半正态分布，这一假设的逻辑是无效率只能使成本增加；（2）随机误差项用 V 表示，由于随机波动可增加或减少成本，所以随机误差项服从对称标准正态分布。

本书采用 Battese 和 Coelli（1995）提出的单阶段估计方法，此方法克服了两阶段估计方法中存在的缺点，即关于无效率影响的独立性假定不一致。Battese 和 Coelli（1995）提出的随机边界生产函数如下：

$$\ln(y_{it}) = f(x_{it}, t, \beta) + v_{it} - u_{it} \quad i = 1, 2, \cdots, N, t = 1, 2, \cdots, T \quad (4-1)$$

其中，y_{it} 表示产出；x_{it} 表示投入向量；t 是时间趋势项，代表技术进步；β 是待估计的参数向量；f（·）表示合适的函数形式。公式（4-1）的误差项由两个独立的部分组成：v_{it} 是随机误差项，服从标准正态分布 $N(0, \sigma_v^2)$；u_{it} 是非负的，代表第 i 个经济体在第 t 年非效率效应的随机变量，假设服从非负断尾正态分布 $N(m, \sigma_u^2)$：

$$u_{it} = z_{it}\delta + \omega_{it} \quad (4-2)$$

其中，z_{it} 表示一组影响商业银行效率的变量；δ 是这些变量的待估参数。公式（4-1）和公式（4-2）的参数通过最大似然法估计得出。我们采用随机误差进行调整的结果便是其成本效率，公式表示如下：

$$CostEFF = \frac{\hat{C}^{min}}{\hat{C}^{i}} = \frac{\exp[\hat{f}(w,y,z,u)] \times \exp[\ln(\hat{u}_c^{min})]}{\exp[\hat{f}(w,y,z,u)] \times \exp[\ln(\hat{u}_c^{i})]} = \frac{\hat{u}_c^{min}}{\hat{u}_c^{i}} \quad (4-3)$$

本书将标准盈利效率定义为预计实际利润对预计最大利润的比率，或者实际赚得最大利润的比例。其中，预计最大利润是指当银行与样本中的最佳银行一样有效率时，其能够赚取并扣除随机误差后的利润。

$$Std\pi EFF = \frac{\hat{u}_\pi^i}{\hat{u}_\pi^{max}} = \frac{\{\exp[\hat{f}(w,p,z,u)] \times \exp[\ln(\hat{u}_\pi^i)]\} - \theta}{\{\exp[\hat{f}(w,p,z,u)] \times \exp[\ln(\hat{u}_\pi^{max})]\} - \theta} \quad (4-4)$$

其中，$\hat{u}_\pi^{max}$ 是样本中 $\hat{u}_\pi^i$ 的最大值。

4.3.2 数据分析

本书的数据来源于 Bankscope 数据库、2009~2020 年的《中国金融年鉴》、中国货币网公布的商业银行年报和各商业银行官方网站，数据的统计描述如表 4.1 所示。根据实证研究的需要，我们将选取 32 家商业银行作为样本银行。实证分析的基础是截面和时间序列混合的数据库，样本所包含的 32 家中国商业银行的 296 个观察值整体上为平行面板数据。

表 4.1 数据的统计描述

	Mean	SD	Median	Minimum	Maximum
Total profits	0.076	0.128	0.027	0.081	0.844
Total costs	2.708	8.861	0.191	0.001	69.797
Output quantities						
Total loans ($y1$)	24.285	53.295	1.578	0.005	293.437
Total deposits ($y2$)	35.854	78.127	3.049	0.002	427.082
Liquid assets ($y3$)	9.073	20.703	1.047	0.005	142.941
Other earning assets ($y4$)	14.362	30.319	1.684	0.005	146.719
Input prices						
Unit interest cost of deposits ($w1$)	0.057	0.088	0.035	0.006	0.726
Unit price of physical inputs ($w2$)	1.188	0.974	0.868	0.304	8.000

资料来源：Bankscope 数据库、2009~2020 年的《中国金融年鉴》、中国货币网公布的商业银行年报和各商业银行官方网站。

4.3.3 生产函数和效率值的估计

SFA 要求指定函数形式，我们从较为一般的生产函数形式 translog

出发，通过假设检验选择拟合度最好的函数形式，然后估计中国 32 个商业银行 2009~2019 年的效率。成本函数 translog 形式如下：

$$\ln TC_{it} = \alpha_0 + \sum_{j=1}^{2} \alpha_k \ln y_{jit} + \sum_{j=1}^{3} \beta_j \ln w_{jit} + \frac{1}{2}\sum_{j=1}^{2}\sum_{k=1}^{2} \gamma_{jk} \ln y_{jit} \ln w_{kit}$$
$$+ \frac{1}{2}\sum_{j=1}^{3}\sum_{k=1}^{3} \delta_{jk} \ln w_{jit} \ln w_{kit} + \sum_{j=1}^{2}\sum_{k=1}^{3} \rho_{jk} \ln y_{jit} \ln w_{kit} + \tau t + \varphi t^2 + \varepsilon_{it}$$

(4-5)

其中，$\varepsilon_{it} = U_{it} + V_{it}$，$U_{it} = U_i \exp[-\eta(t-T)]$，$U_i \sim i.i.d. |N(\mu, \delta_\mu^2)|$。

可变投入包括 w_1、w_2、w_3，分别为购入资金、核心存款、劳动力；可变产出量包括 y_1、y_2、y_3，分别为消费贷款、商业贷款、所有非贷款金融资产。

公式（4-5）就是我们的基本模型，其参数由 Frontier4.1 用最大似然法估计得出，估计结果见表 4.2。模型 1 是对公式（4-5）的估计；模型 2 中存款利息支出被视为投入，而存款总量则被视为产出；模型 3 假设模型是希克斯中性技术进步[1]的；模型 4 假设柯布-道格拉斯函数形式更能充分代表数据水平；模型 5 则意味着在效率效应方程中不应该存在股权虚拟变量和时间趋势的乘积项。通过比较似然统计量可以得出，相对于模型 2，模型 1、模型 3、模型 4、模型 5 均被拒绝，这就表明，模型 2 的数据拟合度最优。

---

[1] 根据希克斯的相对份额理论，"中性的"技术变化将导致资本劳动比率保持在不变的相对要素价格水平上。

表 4.2 随机前沿函数和效率效应方程的估计结果

变量	待估系数	模型 1	模型 2	模型 3	模型 4	模型 5
Constant	β_0	9.745***	5.469***	3.531***	2.295**	4.487***
		(10.039)	(22.685)	(21.467)	(2.368)	(21.767)
$(\ln k\text{-}hat)$	β_1	-1.087***	0.307***	0.548***	0.648***	0.346***
		(-4.059)	(10.875)	(28.019)	(4.264)	(12.996)
$(\ln k\text{-}hat)^2$	β_2	0.096***			0.0063**	
$(\ln k\text{-}hat)\,t$	β_3	-0.003	0.016***			0.013***
t	β_4	0.057**	-0.105***	0.001	0.016	-0.048***
		(2.168)	(-8.876)	(-0.039)	(0.499)	(-4.386)
t^2	β_5	-0.000	-0.001***	0.000**		-0.001***
d_1	δ_1	-0.668***	0.672***	0.587***	-0.075	-0.565***
		(-22.396)	(9.482)	(7.388)	(-0.087)	(-12.146)
d_2	δ_2	0.319***	0.943***	0.725***	-0.026	0.196***
		(6.123)	(13.187)	(8.396)	(-0.026)	(2.784)
d_3	δ_3	0.439***	1.087***	0.945***	0.412	0.385***
		(13.028)	(16.187)	(10.876)	(0.543)	(16.997)
$d_1 t$	δ_4	0.023***	-0.026***	-0.020***	-0.025	
		(2.086)	(-8.659)	(-5.567)	(-0.368)	
$d_2 t$	δ_5	-0.016***	-0.046***	-0.023***	-0.048	
		(-3.068)	(-8.265)	(-4.466)	(-0.180)	
$d_3 t$	δ_6	-0.009***	-0.028***	-0.019***	-0.007	
		(-3.482)	(-7.889)	(-5.043)	(-0.336)	
参数						
sigma-squared $(\sigma_V^2+\sigma_U^2)$		0.036***	0.036***	0.040***	0.058	0.035***
		(25.123)	(17.421)	(12.878)	(0.368)	(14.215)
gamma (γ)		0.172***	0.987***	0.836***	0.567	0.173***
		(7.995)	(81.987)	(8.165)	(0.766)	(6.692)
log (likelihood)		253.018	256.766	197.462	137.716	243.251
number of iterations (degrees of freedom)		32	32	32	32	32

续表

变量	待估系数	模型 1	模型 2	模型 3	模型 4	模型 5
number of observations		296	296	296	296	296
假设检验						
Test of technical efficiency effects						
	$H_0: \gamma = 0$	21.696	16.054	-27.987	28.322	16.021
	$H_1: \gamma > 0$	258.246	261.683	197.543	146.834	236.561
test statistic		466.325***	486.966***	446.386***	345.885***	436.867***
test result		Reject H_0	Reject H_0	Reject H_0	Reject H_0	Reject H_0
Test of model specification						
	H_0		模型 2	模型 3	模型 4	模型 5
	H_1		模型 1	模型 2	模型 2	模型 2
test statistic			-7.698	128.687***	230.896***	51.231***
test result			Accept H_0	Reject H_0	Reject H_0	Reject H_0
in favor of			模型 2	模型 2	模型 2	模型 2

注：括号中的数据为该系数或参数估计的 t 统计值，***、** 和 * 分别表示通过显著性水平为 1%、5% 和 10% 的检验。

我们采用模型 2 对 2009~2019 年中国 32 个商业银行的利润效率和成本效率进行了估计，结果列于表 4.3。

（1）利润效率实证结果

如表 4.3 所示，所有样本利润效率的平均值为 0.650，这意味着在相同情况下样本银行所获得的利润效率只有最佳银行的一半多，在利润效率上至少还存在 35% 的提升空间。估计结果显示，在所有股权结构的样本银行中，外资商业银行的利润效率较高，达到 0.792，其利润效率排名是 0.807。股份制商业银行的利润效率值和排名是（0.753, 0.794），非四大国有银行的利润效率值和排名是（0.619, 0.632），四大国有银行的利润效率值和排名最低，分别为（0.435, 0.423）。在研究中我们还发现非常有趣的结果，非四大国有银行中引入外资战略投资者银行的利润效率要高于未引入外资战略投资者的银行，相同的实证结果也出现在股份制商业银行中。检验结果显示，虽然四大国有银行利润效率低下，但引入少量的外资战略投资者能够提高国有银行利润效率。

表 4.3 不同股权结构银行的效率

产权类型	利润效率值	利润效率排名	成本效率值	成本效率排名
1. 四大国有银行	0.435	0.423	0.889	0.676
	(0.221)	(0.228)	(0.070)	(0.247)
2. 非四大国有银行	0.619	0.632	0.927	0.634
	(0.199)	(0.271)	(0.049)	(0.280)
a. 未引入外资战略投资者的非四大国有银行	0.521	0.510	0.912	0.532
	(0.172)	(0.208)	(0.048)	(0.287)
b. 引入外资战略投资者的非四大国有银行	0.717	0.754	0.943	0.735
	(0.212)	(0.306)	(0.029)	(0.213)
3. 股份制商业银行	0.753	0.794	0.883	0.603
	(0.224)	(0.312)	(0.078)	(0.311)
a. 未引入外资战略投资者的股份制商业银行	0.658	0.699	0.816	0.321
	(0.225)	(0.322)	(0.052)	(0.120)
b. 引入外资战略投资者的股份制商业银行	0.848	0.888	0.950	0.886
	(0.091)	(0.124)	(0.011)	(0.071)
4. 外资银行	0.792	0.807	0.926	0.621
	(0.093)	(0.115)	(0.052)	(0.290)
所有样本	0.650	0.664	0.906	0.583
	(0.245)	(0.316)	(0.068)	(0.314)

(2) 成本效率实证结果

研究结果显示所有样本银行成本效率的平均值为0.906，这意味着与最佳银行相比样本银行在成本利用上还有10%的提升空间，非四大国有银行的成本效率及排名（0.927，0.634）和外资银行的成本效率及排名（0.926，0.621）处于相对高位，国有银行的成本效率及排名较高（0.889，0.676），股份制商业银行成本效率及排名最低（0.883，0.603）。实证结果还发现，引入外资战略投资者的银行比未引入外资战略投资者的银行成本效率更高。

(3) 不同股权结构银行对无效率的弹性

此外，对效率项的估计还有另一个有意思的结果，即对三类股权结构银行变量求导，可以得到三类不同股权变量对无效率的弹性：

$$外资银行对无效率的弹性 = 0.776 - 0.029t$$

$$股份制银行对无效率的弹性 = 0.975 - 0.036t$$

$$国有银行对无效率的弹性 = 1.159 - 0.028t$$

可以看出，随着时间的推移，所有股权变量对无效率的弹性均减小，说明三种所有制银行都有不同程度的效率改善。股份制银行对无效率的弹性-外资银行对无效率的弹性 = $0.199 - 0.007t > 0$，国有银行对无效率的弹性-股份制银行对无效率的弹性 = $0.184 + 0.008t > 0$。可见，股份制银行的无效率大于外资银行的无效率，国有银行的无效率又大于股份制银行的无效率，并且股份制银行和外资银行间的效率差异随时间在缩小，而股份制银行和国有银行间的效率差异却趋于增大，这说明就效率而言，国有银行处于非常不利的情形（见图4.1）。

图4.1a 国有银行、股份制银行、外资银行对无效率的弹性

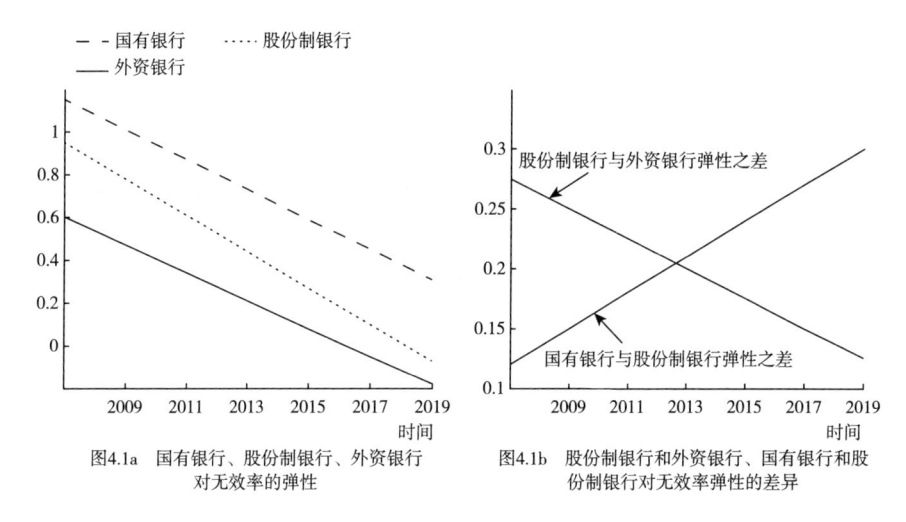

图4.1b 股份制银行和外资银行、国有银行和股份制银行对无效率弹性的差异

图 4.1 股权变量对无效率的弹性

4.4 中国商业银行效率的影响因素

采用 SFA 法估计商业银行效率值的主要作用是表明效率水平和确定提高效率的潜力。然而，单一的效率值还不能解决商业银行之间为什么会存在效率差异的问题。为了回答这个问题，我们需要建立商业银行效率影响因素的回归模型，找出影响商业银行效率的各种因素，为商业银行业的管理者和监管者提供更多决策依据。

4.4.1 效率的影响因素分析

已有文献研究了下列因素对银行的绩效有重要的影响。Berger 和 Mester 发现资产规模对商业银行效率的影响并不明确，不良贷款

率低和资本化率高的商业银行拥有较高的效率。Chen 对影响商业银行效率的银行规模、专业化、市场特征等因素进行了研究。Hasan 研究了商业银行自身特征和行业因素对银行效率的影响。Bonaccorsi 研究了金融服务质量和便利程度对金融机构效率的影响。Simon H. Kwan（2006）认为投资组合、银行规模会对银行效率产生影响。

综上所述，本书结合银行效率研究的国际经验和我国商业银行的实际特点，从市场集中度、公司治理、货币供应量、规模经济、资产配置、稳定性、金融创新 7 个方面去考察银行效率的影响因素，具体分析如下。

(1) 市场集中度（HHI）

市场集中度是市场中各商业银行相应指标和行业总指标比值的平方和，它综合反映了市场的分化程度和市场垄断水平，市场集中度也反映了商业银行个体规模的差异及商业银行扩张的水平与程度，HHI 值越接近 1，表明行业内垄断程度越高。我们采用美国政策实践中的标准，如果 HHI 值大于 0.18，则该市场为高度集中的市场；若 HHI 值在 0.1 和 0.18 之间，则该市场属于适度集中的市场；若 HHI 值小于 0.1，则该市场属于低度集中的市场。

(2) 公司治理（GOV）

公司治理的目的在于降低委托代理中道德风险与逆向选择的影响，减少代理人为追求自身利益而伤害股东利益的行为。在选取公司治理水平的衡量指标时，我们基于公司治理在于减少代理人追求自身利益导致股东利益受损的代理成本的目标，采用代理成本作为公司治理的指标。本书通过营业外支出率指标（营业外支出/总收入）量化代理成本，营业外支出率越高，说明代理成本越大，公司治理状况越不理想。

(3) 货币供应量 (M2)

人民银行通过增加或减少货币供应量来调节信贷供给和利率，信贷供给和利率的变化都会对商业银行的经营产生影响。当货币供应量增加时，商业银行的可贷资金增多，进而会增加商业银行的利息收入。但货币供应量增加造成流动性供给过剩，就会给银行造成过度竞争和盈利下降等直接影响，因此我们选取货币供应量来分析其对银行效率的影响。

(4) 规模经济 (GMJ)

在本书中，当银行在扩张存款、贷款或资产时，如果产出的增速高于成本的增速，表明该银行正处在规模效率状态中；如果产出的增速低于成本的增速，该银行处于规模无效率状态中；如果产出的扩张没有引起成本的增加，表明该银行处在规模效率不变的状态中。反映商业银行规模经济最常用的指标是人均利润率和人均费用率，如果人均利润率随着银行总资产、从业人数、机构数的增加而升高则表明银行是规模经济的，反之则为规模不经济；如果人均费用率随着银行规模的扩张而下降则表明银行是规模经济的，反之则为规模不经济。

(5) 资产配置 (ZPZ)

资产配置是银行管理者对其持有的资产负债种类、数量及其结构组合等进行决策的一种资金管理方法，狭义的资产配置可以理解为银行的利差管理。存贷比（银行贷款总额与存款总额之比）是反映银行资产配置的主要指标。本书参照已有文献的做法，采用存贷比指标反映银行的资产配置效率，这一指标值越高，说明银行的效率也越高。

(6) 稳定性 (WDX)

银行的稳定性通常采用资本充足率来衡量，根据巴塞尔协议的规定，银行资本充足率（核心资本加上附属资本以后与加权风险资产总额的比率）应不小于8%。由于该指标在计算上较为复杂，而且由于风险权重计算标准的不同以及资料来源的限制，本书参照已有文献的做法，以所有者权益占总资产的比重作为考察银行资本充足率的指标，并以此判断银行的稳定性。

(7) 金融创新 (JCX)

金融创新是指通过开发新的金融产品占领新的市场，以改变经营管理方式等措施获取新的利润来源。在创新过程中新技术的应用和范围经济的优势增强，可以降低交易成本，从而促进银行效率的提高，国外银行将金融创新作为提高银行效率的重要渠道。为了衡量我国商业银行的创新程度，我们采用非利息收入（总收入减去利息收入的余额）占总收入比例来衡量我国商业银行的创新程度，该指标的值越大，说明该银行的创新程度越强，该银行的效率也就越高。

4.4.2 构建回归模型

为检验效率影响因素分析中提出的理论假设，我们以银行效率值作为被解释变量，以前述可能影响银行效率的多个因素作为解释变量，建立多元回归模型进行实证分析。本书综合市场集中度、公司治理、货币供应量、规模经济、资产配置、稳定性、金融创新7个变量对我国商业银行效率的影响因素进行分析（见表4.4）。

4 数字化转型背景下股权结构改革对中国商业银行效率影响的实证研究

$$X\text{-}EFF_{it} = \beta_0 + \beta_1 HHI_t + \beta_2 GOV_t + \beta_3 M_{2t} + \beta_4 GMJ_t ZPZ_t$$
$$+ \beta_5 ZPZ_t + \beta_6 WDX_t + \beta_7 JCX_t + \beta_8 I_t + \varepsilon_{it} \qquad (4\text{-}6)$$

其中，EFF_{it} 为第 i 个商业银行的效率；GOV 为公司治理即营业外支出占总收入的比例；HHI 是商业银行业存款的赫芬达指数；ZPZ 为资产配置即总存款占总贷款的比例；WDX 为稳定性，即所有者权益与总资产的比例；JCX 为金融创新，即非利息收入占总收入的比例；GMJ 为规模经济，即采用人均利润率和人均费用率衡量的规模经济状况；I 为是否上市的虚拟变量；ε_{it} 是随机误差项。

表 4.4 效率影响因素使用的变量

变量	定义或计算方式	变量	定义或计算方式
市场集中度（HHI）	$HHI_t = \sum_{i=1}^{N}(S_i/T)^2$	资产配置（ZPZ）	总存款占总贷款的比例
公司治理（GOV）	营业外支出占总收入的比例	稳定性（WDX）	所有者权益与总资产的比例
货币供应量（M2）	货币供应量 M2 的增长率	金融创新（JCX）	非利息收入占总收入的比例
规模经济（GMJ）	人均利润率和人均费用率		

本书先利用多变量综合的主成分旋转法对这些数据进行处理，得到相互独立的主成分变量，然后进行回归分析并计算原始变量的参数估计值、t 检验值。多变量综合的主成分旋转法是在克服主成分法缺陷的基础上发展起来的，其优点是：（1）原始变量信息无损失，计算结果与原始变量保持了最大一致性；而选择一个或少数几个主成分计算综合指标时总会有信息损失，且无法估计损失的信息对评价结果的准确性有多大影响；（2）计算结果符合逻辑，即直接用于计算综合指标的各变量的正逆性（正指标还是逆指标）保持一致，保

证采用同样的方法不会出现相互矛盾的结论；而根据主成分的统计性质，除了第一主成分的正逆性可以判断外，其他主成分的正逆性往往不易判断，方差越小的主成分的正逆性越难判断。

4.4.3 实证结果分析

回归分析结果如表 4.5 所示，从中可以看出市场集中度、公司治理、货币供应量和规模经济通过了显著性检验，说明以上 4 个指标对银行绩效产生了一定的影响。市场集中度对商业银行效率具有显著负影响，说明在经济转轨过程中，市场竞争程度的提高对我国商业银行效率产生了重要的促进作用。公司治理的回归系数为负，这是因为采用了代理成本来反映公司治理状况，而代理成本与公司治理状况是成反方向变化的，所以计量结果表明改善公司治理水平能有效地促进银行效率的提高。由此可见，在提高银行效率水平的过程中，提高中国银行业的公司治理水平是一个不容忽视的问题。货币供应量增长率对商业银行效率产生了显著正面影响，货币供应量增加，会对商业银行效率产生积极影响，由于货币供应量增长可能导致过度竞争和盈利下降，因此其对商业银行的影响取决于货币供应量增长的同时能否维持可观的存贷利差；此外，银行规模指标也通过了显著性检验，而且回归系数为正，说明银行规模对银行效率产生了积极的影响。

表 4.5　效率影响因素的回归结果

参数	回归系数	T 检验值	参数	回归系数	T 检验值
截距	-9.766	-6.325	GMJ	26.562	1.687**
HHI	-21.879	-2.467*	ZPZ	18.733	1.156

续表

参数	回归系数	T检验值	参数	回归系数	T检验值
GOV	−50.076	−2.185*	WDX	16.256	0.438
M2	12.6872	0.9876*	JCX	10.838	0.0892

注：*、**和***分别表示10%、5%、1%的显著水平。

总之，多元回归分析的结果表明，市场集中度、公司治理、货币供应量和规模经济指标都对银行效率产生了积极的影响，本书的结论在一定程度上支持了"超产权假设"；从回归结果看，银行规模扩张是提高商业银行效率的重要途径；货币供应量对效率的影响说明商业银行过于依赖利息收入；样本银行的公司治理水平有效促进了银行效率的提高，这在一定程度上说明我国商业银行公司治理存在某些我们所忽视的积极的一面；除此以外，没有其他变量通过回归检验，说明它们对银行效率的影响不显著。

4.5 本章小结

4.5.1 主要分析结果

（1）数字化转型背景下，非四大国有银行中引入外资战略投资者的银行利润效率要高于未引入外资战略投资者的银行，相同的实证结果也出现在股份制银行中。检验结果表明虽然四大国有银行利润效率低下，但引入少量的外资战略投资者能够提高国有银行利润效率。

（2）数字化转型背景下，非四大国有银行的成本效率最高。实证结果还显示，引入外资战略投资者的银行比未引入外资战略投资者的银行成本效率更高。

（3）对三类股权结构银行变量求导可以得到三类不同股权变量对无效率的弹性：外资银行对无效率的弹性为 0.776-0.029t；股份制银行对无效率的弹性为 0.975-0.036t；国有银行对无效率的弹性为 1.159-0.028t。

（4）数字化转型背景下，市场集中度对商业银行效率具有显著负影响，说明在经济转轨过程中，市场竞争程度的提高对我国商业银行效率产生了重要的促进作用。

（5）公司治理的回归系数为负，这是因为采用了代理成本来反映公司治理状况，而代理成本与公司治理是成反方向变化的，所以计量结果表明改善公司治理水平能有效促进银行效率的提高，由此可见在提高银行效率的过程中，提高中国银行业的公司治理水平是一个不容忽视的问题。

（6）数字化转型背景下，货币供应量增长率对商业银行效率产生了显著正面影响，货币供应量增加，会对商业银行效率产生积极影响，由于货币供应量增长可能导致过度竞争和盈利下降，因此对商业银行的影响取决于货币供应量增长的同时是否维持可观的存贷利差；此外，银行规模指标也通过了显著性检验，而且回归系数为正值，说明银行规模对银行效率产生了积极的影响。

4.5.2 主要的特色与创新

（1）本书总结了改革开放 40 多年来中国商业银行产权改革经历的四个阶段，提出了研究股权结构改革对银行效率影响的课题。

（2）建立了数字化转型背景下银行效率影响因素模型。从市场集中度、公司治理、货币供应量、规模经济、资产配置、稳定性、金融创新 7 个方面去考察影响银行效率的因素。

（3）计算了数字化转型背景下不同股权结构银行变量对无效率的弹性。对三类股权结构银行变量求导，得到了三类变量对无效率的弹性。

5 数字化转型背景下引入外资战略投资者对中国商业银行效率影响的实证研究

5.1 问题的提出

2003年以来，我国为了加快金融改革，调整了外资银行市场的准入政策和策略，将对外开放的重点由过去以引进外国银行来华开设分支行转移到着重推动中外资银行加强业务协作和股权合作上，并以此促进金融服务水平提高，加快中资金融机构重组与改造。时至今日，已有多家外资金融机构以投资和参股方式与中资银行合作，另外，还有多家外资金融机构正在与中资银行进行实质性谈判。截至2020年第一季度末，外资银行在华共设立了41家外资法人银行、115家外国银行分行和149家代表处，营业性机构总数975家（含总行、分行、支行），外资银行总资产3.58万亿元。境外保险机构在我国设立了64家外资保险机构、124家代表处和18家保险专业中介机构，外资保险公司总资产达1.46万亿元。外资银行进入中国的可选路径大致有四种：成立外资独资银行；在中国开办独立的分支机构；购买并持有中国国内银行的股份；与中方合资建立新的银行。外资入股中资银行正成为国外大型银行金融集团进入中国的首选方式，并呈现出显著加速入股的趋势。

随着金融科技的高速发展，国内外商业银行纷纷加快布局金融科技，外资入股我国银行业的速度进一步提升，因此在数字化转型背景下研究引入外资战略投资者对我国商业银行效率的影响，具有重要的理论意义与实践价值。

5.2 商业银行效率研究方法、模型与数据

5.2.1 研究方法梳理

参数法是利用多元统计分析技术来确定前沿成本函数中的未知参数，其出发点是构建一个生产前沿面，并通过测量某一商业银行与效率前沿银行的偏离程度来衡量该银行的效率。根据前沿函数中成本非效率项分布的假设不同，可以将参数法分为随机前沿法（SFA）、自由分布法（DFA）和厚前沿法（TFA）三种。采用随机前沿法（SFA）[①]估计成本函数由 Aigner 以及 Meeusen 和 Broeck 分别独立发展而成。Battese 和 Coelli 进一步将模型扩充为面板数据的形式，同时估计所有可能影响效率的因素和厂商的成本边界。本研究的参数法即采用了 Coelli 的面板数据模型，同时估计可能影响银行效率的因素和银行的成本边界。在 SFA 法中，变差率 γ 的零假设统计检验是判断边

[①] SFA 法允许误差项包括无效率因素，其误差项分为两部分：一是对称分布的随机误差；二是单边分布的随机变量，代表厂商或银行无效率因素。此二项误差彼此独立。

界成本函数和利润函数是否有效的根本依据。如果变差率 γ 的零假设被接受，则意味着成本无效率项和利润无效率项不存在，边界成本函数和边界利润函数无效。对变差率 γ 的零假设检验可通过成本函数和利润函数的单边似然比检验统计量 LR 的显著性检验实现。在正确估计边界成本函数后，银行的成本效率可用理论最小成本与实际成本的比值表示，该值取值范围在 0~1，取值越接近 1 表示实际成本越接近理论最小成本，成本效率越高。

5.2.2 随机前沿方法模型

Battese 和 Coelli 提出的单阶段估计方法，不仅能够计算出样本及个体的技术效率水平，而且能够就各个有关实际因素对个体之间效率差异的影响做定量分析，还可以同时处理平衡或不平衡的面板数据。

本书构建的模型如下：

$$C = \beta_0 + \sum_{i=1}^{s} \beta_i y_i + \frac{1}{2} \sum_{i=1}^{s} \sum_{j=1}^{s} \beta_{ij} y_i y_j + \sum_{i=1}^{s} \delta_i F_i + V_{it} + U_{it} \quad (5-1)$$

其中，C 表示生产 S 种产出的总成本；β_0 是常数项；β_i 和 β_{ij} 是产出变量的系数；y_i 是第 i 种产出的量；F_i 是一个二值变量[①]，当第 i 种产出大于 0 时，F_i 为 1，其他情况下为 0；V_{it} 代表影响总成本的非可控因素，它既可能提高也可能降低成本，因此服从正态分布；U_{it} 为非负的成本无效率项，设其服从截尾（在 0 点处截断）正态分布 $N(m_{it}, \sigma_\mu^2)$。

---

① 模型中使用虚拟变量（二值变量）主要是出于技术原因，即为了保证成本函数的灵活性。

5.2.3 数据统计分析

本书的数据来源于 Bankscope 数据库、2010~2020 年的《中国金融年鉴》、中国货币网公布的商业银行年报和各商业银行官方网站，如表 5.1 所示。根据实证研究的需要，我们将选取的 32 家样本商业银行按产权分为三大类[①]：国有银行，其中又可分为三种类型，包括四大国有银行，引入外资战略投资者的非四大国有银行，未引入外资战略投资者的非四大国有银行；国内股份制银行，从是否引入外资战略投资者来看，可以将其分为两类。③外资银行，还可以将银行细分为大型、中型和小型三类[②]，其划分标准是 T 年银行的总资产规模，实证分析基础是截面数据和时间序列的混合数据库，样本所包含的 32 家银行的财务数据共 296 个观察值，整体上为平行面板数据，而且是不平衡的面板，研究的时间跨度为 10 年。

需要说明的是，整个研究样本的产出变量由总贷款、总存款、流动资产和其他获利资产构成，投入变量由单位存款利息成本即总存款利息支出、办公和营业单位支出即全部固定资产的非利息支出构成，且以 2009 年为基准年度，将相关数据折算成可比价格进行分析。

[①] 国有银行是国家持有股权比例超过 50% 的银行；国内股份制银行是指国内私人股份占银行总股份比例超过 50% 的银行；外资银行指外国股份占银行总股份比例超过 50% 的银行。

[②] 小型银行资产规模小于或等于 10 亿美元；中型银行资产规模大于 10 亿美元，小于或等于 200 亿美元；大型银行资产规模大于 200 亿美元。

表 5.1 样本银行观察值

样本银行观察值	Total	2009年	2010年	2011年	2012年	2013年	2014年	2015年	2016年	2017年	2018年	2019年
	296	20	23	24	28	31	32	29	26	27	28	28
按产权分类银行观察值												
1. 国有银行	219	16	19	19	20	23	24	21	18	19	20	20
a. 四大国有银行	44	4	4	4	4	4	4	4	4	4	4	4
b. 引入外资战略投资者的非四大国有银行	123	8	10	11	11	14	15	13	9	10	11	11
c. 未引入外资战略投资者的非四大国有银行	52	4	5	4	5	5	5	4	5	5	5	5
2. 国内股份制银行	55	2	2	3	6	6	6	6	5	6	6	6
a. 引入外资战略投资者的国内股份制银行	41	2	2	3	6	6	5	5	3	3	3	3
b. 未引入外资战略投资者的国内股份制银行	14	0	0	0	0	0	1	1	3	3	3	3
3. 外资银行	22	2	2	2	2	2	2	2	2	2	2	2
按产权分类银行资产市场份额												
1. 国有银行	0.965	0.996	0.994	0.993	0.982	0.975	0.970	0.935	0.914	0.910	0.908	0.906
a. 四大国有银行	0.847	0.903	0.878	0.878	0.863	0.836	0.813	0.791	0.771	0.769	0.768	0.766
b. 引入外资战略投资者的非四大国有银行	0.093	0.077	0.095	0.095	0.085	0.102	0.111	0.116	0.099	0.101	0.102	0.103
c. 未引入外资战略投资者的非四大国有银行	0.029	0.015	0.020	0.020	0.034	0.039	0.044	0.029	0.043	0.040	0.038	0.037
2. 国内股份制银行	0.031	0.004	0.005	0.006	0.018	0.023	0.031	0.065	0.086	0.089	0.091	0.096
a. 引入外资战略投资者的国内股份制银行	0.018	0.004	0.005	0.006	0.018	0.023	0.030	0.042	0.023	0.033	0.040	0.046
b. 未引入外资战略投资者的国内股份制银行	0.013	0.000	0.000	0.000	0.000	0.000	0.001	0.023	0.063	0.056	0.051	0.050
3. 外资银行	0.001	0.001	0.001	0.001	0.001	0.001	0.001	0.001	0.001	0.001	0.001	0.001

资料来源：Bankscope 数据库、2010~2020 年的《中国金融年鉴》、中国货币网公布的商业银行年报和各商业银行官方网站。

5.3 引入外资战略投资者对银行效率影响的实证分析

实证分析部分先从选择面板数据经验模型开始，确定合适的面板模型后，再使用恰当的 OLS 法估计模型，并验证其稳健性。在此基础上，我们再使用 SFA 法估计面板数据模型，并讨论其估计效果。在讨论参数法估计结果后，我们将利用 SFA 法的估计结果分析银行的利润效率和成本效率，并对效率的影响因素加以讨论，最后利用已有结论探讨不同股权结构银行效率存在差异的原因。

5.3.1 面板数据模型与 OLS 回归模型拟合结果比较分析

面板数据包含了时间和截面两个维度，如果面板数据模型设定不准确，将会产生较大的偏差，本书为避免模型设定出现偏差，将从混合回归模型和变截距模型中进行选择。混合回归模型与固定效应模型的选择判断可使用 F-test 法，在变系数模型的基础上假设所有的截距项在时序上有相同的性质，即相等（可变形为皆等于零），原假设适用 OLS 回归模型。Hausman Test 是常用的检验固定效应模型和随机效应模型的方法，但是这种检验在误差项有异方差和自相关时无效。Mundlak 提出了一种 F 检验方法，相当于稳健的豪斯曼检验。为保证估计的稳健性，笔者选用 Mundlak 法即稳健豪斯曼检验判别随机效应模型和固定效应模型，原假设是随机效果模型更好。判定结果见表 5.2。

表 5.2　回归最适模型检验结果

	检验统计量适用模型	适用模型
OLS 回归模型与固定效应模型之比较	F test that all u_i = 0 F（55, 296）= 3.75 Prob>F = 0.0000 ***	固定效应模型
OLS 回归模型与随机效应模型之比较	Breush and pagan Lagrange multiplier test for random effects Test：Var（u）= 0 Chi2（1）= 147.43 Prob>Chi2 = 0.0000 ***	随机效应模型
固定效应模型与随机效果模型之比较	F（28, 56）= 2.45 Prob>F = 0.0000 ***	固定效应模型

注：*、** 和 *** 分别表示 10%、5%、1% 的显著水平。

我们发现计量结果应该基于固定效应模型来分析，因为截面数据存在异方差的概率比较大，所以需要考虑集中于横截面的变化。运用 Modified Wald Test 检测组间异方差时，结果拒绝组间存在同方差的假设。利用 Wooldridge 检验自相关时，拒绝没有序列相关的假设。同时使用可行的广义最小二乘法（FGLS）来消除异方差性和序列相关性的影响，用这种方法估计成本函数能够提高估计系数的精确性。经检验，模型中所有的交叉乘积项和二次项的系数都显著，说明股权结构对成本和利润存在着显著影响。

5.3.2　效率值、效率排名及存在效率差异的原因

1. 效率值与效率排名

利润效率值是根据各样本变量，通过利润函数进行随机前沿估计而来，利润效率排名则是通过以下方法估计得到。将利润效率转换成统一的数值范围 $[0, 1]$，使其在时间范围内可以进行比较。每一观察样本的效率值按照升序排列，并使用公式（$order-1$）/（$n-1$）

计算，其中 order 是当年银行升序排名中的序号，n 是当年样本银行的数量。

(1) 利润效率实证结果

如表 5.3 所示，利润效率值的平均值为 0.650，这意味着在相同情况下样本银行所获得的利润效率只有最佳银行的一半多。估计结果显示，在所有股权结构的样本银行中，外资银行的利润效率值最高，达到 0.792，排名是 0.807。股份制商业银行的利润效率值和排名是（0.753，0.794），非四大国有银行的利润效率值和排名是（0.619，0.632），利润效率估计中四大国有银行的利润效率值和排名最低（0.435，0.423）。在研究中我们还发现非常有趣的结果，非四大国有银行中引入外资战略投资者的国有银行的利润效率要高于未引入外资战略投资者的国有银行，相同的实证结果也出现在股份制商业银行中，说明四大国有银行效率低下，但引入少量的外资战略投资者能够提高国有银行效率。

表 5.3 不同股权结构银行的效率

产权类型	利润效率		成本效率	
	利润效率值	利润效率排名	成本效率值	成本效率排名
1. 四大国有银行	0.435	0.423	0.889	0.676
	(0.221)	(0.228)	(0.070)	(0.247)
2. 非四大国有银行	0.619	0.632	0.927	0.634
	(0.199)	(0.271)	(0.049)	(0.280)
a. 未引入外资战略投资者的非四大国有银行	0.521	0.510	0.912	0.532
	(0.172)	(0.208)	(0.048)	(0.287)

续表

产权类型	利润效率		成本效率	
	利润效率值	利润效率排名	成本效率值	成本效率排名
b. 引入外资战略投资者的非四大国有银行	0.717	0.754	0.943	0.735
	(0.212)	(0.306)	(0.029)	(0.213)
3. 股份制商业银行	0.753	0.794	0.883	0.603
	(0.224)	(0.312)	(0.078)	(0.311)
a. 未引入外资战略投资者的股份制商业银行	0.658	0.699	0.816	0.321
	(0.225)	(0.322)	(0.052)	(0.120)
b. 引入外资战略投资者的股份制商业银行	0.848	0.888	0.950	0.886
	(0.091)	(0.124)	(0.011)	(0.071)
4. 外资银行	0.792	0.807	0.926	0.621
	(0.093)	(0.115)	(0.052)	(0.290)
所有样本	0.650	0.664	0.906	0.583
	(0.245)	(0.316)	(0.068)	(0.314)

(2) 成本效率实证结果

研究结果显示成本效率的平均值为0.906，这意味着与最佳银行相比样本银行在成本上有10%的浪费，非四大国有银行的成本效率值和排名为（0.927, 0.634），外资银行的成本效率值和排名为（0.926, 0.621），四大国有银行的成本效率值和排名较高（0.889, 0.676），股份制商业银行成本效率值和排名较低（0.883, 0.603）。实证结果发现，引入外资战略投资者的银行比未引入外资战略投资者的银行成本效率更高。

对于国有银行利润效率低但成本效率并不低的实证结果，我们的解释是国有银行的管理者更擅长管理成本而不擅长管理利润[①]，在发放贷款前国有银行很少花时间去筛选和调查潜在的贷款者，或者在贷款后去监管贷款的流向，这样导致很多贷款项目不能执行或者贷款收入非常低，甚至贷款收入仅能抵消掉贷款成本，因此国有银行比其他银行拥有更多的不良贷款。国有银行成本效率较高可能是政府在成本上进行补贴的结果，比如国有银行不用为办公场地支付全额的市场租金，能够从国有企业获得廉价的资金，拥有获得补贴的产权资本以及其他政府提供的市场保护等。

为进一步观察引入外资战略投资者对银行效率的影响，我们将面板数据分为 Panel 1 股份制商业银行和 Panel 2 非四大国有银行，并分别对比引入外资前 4 年、引入外资后 4 年（$T-4<before<T$ 到 $T<after<T+4$）的利润效率值、利润效率排名、成本效率值、成本效率排名。我们发现同样的时间间隔内引入少量外资的股份制商业银行效率远大于对照组，如股份制商业银行的利润效率值在引入少量外资的股份后从 0.565 增加到 0.737，在相同时间间隔内对照组的利润效率值还从 0.546 下降到 0.416。而非四大国有银行在引入少量外资的股份后利润效率值从 0.532 增加到 0.708，在相同时间间隔内对照组的利润效率值也从 0.396 上升到 0.417。通过四种方法测量效率，我们发现非四大国有银行引入少量的外资股份后利润效率比对照组有显著的提升，股份制商业银行在引入少量外资股份之后，效率也有大幅度的提升（见表 5.4）。

[①] Berger 和 De Young 指出国有银行会被分配一些短期内可以节约成本，长期来看只能获得微薄利润的贷款。

表 5.4　引入外资股份前后平均效率的变化

	利润效率		成本效率	
	利润效率值	利润效率排名	成本效率值	成本效率排名
Panel 1：股份制商业银行在研究期间引入外资股份				
Ⅰ 引入外资股份前 4 年	0.565	0.618	0.836	0.228
Ⅱ 引入外资股份后 4 年（并不控股）	0.737	0.857	0.954	0.846
Ⅰ 和 Ⅱ 的区别	0.148***	0.230***	0.120***	0.618***
t-statistic	4.965	4.194	8.564	19.73
对照组（股份制商业银行在研究期间未引入外资股份）				
Ⅲ 引入外资股份前 4 年	0.546	0.553	0.782	0.085
Ⅳ 引入外资股份后 4 年（并不控股）	0.416	0.409	0.806	0.045
Ⅲ 和 Ⅳ 的区别	-0.113***	-0.136***	0.008**	-0.039***
t-statistic	6.267	3.468	2.407	3.529
Panel 2：非四大国有银行在研究期间引入外资股份				
Ⅴ 引入外资股份前 4 年	0.532	0.547	0.919	0.736
Ⅵ 引入外资股份后 4 年（并不控股）	0.708	0.857	0.946	0.874
Ⅴ 和 Ⅵ 的区别	0.163***	0.306***	0.017*	0.126*
t-statistic	8.611	14.588	2.014	1.966
对照组（非四大国有银行在研究期间未引入外资股份）				
Ⅶ 引入外资股份前 4 年	0.396	0.387	0.895	0.488
Ⅷ 引入外资股份后 4 年（并不控股）	0.417	0.406	0.917	0.517
Ⅶ 和 Ⅷ 的区别	0.073***	0.036**	0.014***	0.032
t-statistic	5.437	2.316	2.828	1.569

注：*、** 和 *** 分别表示 10%、5%、1% 的显著水平。

2. 存在效率差异的原因

我们根据实证结果来分析不同股权结构银行间存在效率差异的原因，主要分析以下三方面差异。

（1）国有银行利润效率最低

长期以来，我国将国有银行作为传导货币政策、实施产业结构调整和宏观调控的重要载体，国有银行在经营中不仅面临市场竞争的压力，还面临来自中央和地方政府给予政策贷款的政治压力，因此其经营目的和方向并不是利润最大化，在宏观经济下滑时期尤其明显。这一结论与国有银行在其他国家的表现是一致的。Lewis 认为，国有银行股权会损害资源配置效率，他提出银行业兴衰会对国民经济产生巨大影响。国家试图采取国有股权形式控制银行业，但国家管理目的是实现政治目标，政治目标与社会福利函数存在差异，国有银行股权会影响资源配置效率。国有银行利润效率低可能是因为长期享有可观的"垄断性收益"，缺乏自负盈亏的意识，导致其创造收入、获取利润的能力很差。

（2）国有银行成本效率较高

国有商业银行长期垄断国内信贷市场，资产负债规模占据市场一半以上的份额，从规模效益的角度看享有成本优势。在业务操作中，国有银行在发放贷款和监测贷款方面往往不愿意花费成本，不仔细甄别客户，这在短期也会节约成本。国有银行由于政府的绝对控股管制形式，往往能够享受特别的补贴，这也在一定程度上节约了成本。比如，国有银行可以在办公楼租金上享有优惠，可以从政府所有的非金融机构处获取低于市场利率的存款等。四大国有银行成本效率较高可能是政府在成本上进行补贴的结果。

（3）引入外资股份的银行效率较高

引入外资后，外资股东通常会获得银行董事会的席位，这些外国董事会成员会将高级的银行管理技术带到中国，进而提高公司治理和风险管理能力，有些引入外资的银行还会派自己的员工去外资银行的海外总部学习先进的管理技术。中国银保监会的报告也证实外资战略投资者在银行成本控制、市场运作、可持续发展、公司治理上发挥了积极和正面的作用。另一个促使效率提升的机制是引入的外资战略投资者还会指导和鼓励银行上市，而上市要求银行能够按照国际标准提供准确、透明的财务报表，上市后的市场压力迫使银行努力最大化自己的利润。引入外资股份后，银行效率的提升可能是技术进步和积极上市的结果。

5.4 本章小结

5.4.1 主要分析结果

本章在数字化转型背景下，对影响我国商业银行效率的因素进行定性分析。通过SFA法对引入外资战略投资者前后我国不同股权结构的银行进行效率研究后，本文获得以下基本结论。

第一，数字化转型背景下，不同股权结构银行在引入外资战略投资者少量股份后，不仅提升了成本效率，同时提升了利润效率，这是技术进步和战略投资者积极推动银行上市的结果。

第二，数字化转型背景下，国有银行利润效率值最低，很大程度上是因为其糟糕的收入业绩和大量的不良贷款。外资银行利润效率值最高，其原因是它们从国有银行吸走了资源，包括优秀的人力资源。

第三，数字化转型背景下，股份制商业银行成本效率较低，可能是其迅速扩张的结果；国有银行成本效率较高，可能是政府在成本上进行补贴的结果。

第四，实证研究表明，数字化转型背景下中国政府对国有银行实施"财务重组—引入外资战略投资者—上市—完善治理制度"改革路径，对商业银行效率的提升有积极作用，检验结果证明银行业改革的方向是正确的。

5.4.2 主要的特色与创新

第一，数字化转型背景下，本章对 32 家样本商业银行按产权进行了分类。国有银行，其中又可分为三种类型，包括四大国有银行，有外资战略投资者的非四大国有银行，未引入外资战略投资者的非四大国有银行；国内股份制银行，从是否引入外资战略投资者来看，可以分为两类；外资银行。

第二，数字化转型背景下，本文比较了银行引入外资战略投资者前后银行效率的变化。分别对比引入外资前 4 年、引入外资后 4 年（$T-4<\text{before}<T$ 到 $T<\text{after}<T+4$）的利润效率值、利润效率排名、成本效率值、成本效率排名。

6 数字化转型背景下技术创新对中国商业银行效率影响的实证研究

6.1 问题的提出

当前,宏观经济金融环境正在发生深刻变化,数字经济快速发展,商业银行纷纷启动数字化转型战略布局。当前,中外资银行的主要差距就是创新能力的差距。近年来,国际大银行的非利息收入占总收入的比例普遍超过50%,有的银行非利息收入占比甚至达到80%,而我国商业银行的主要收入来源仍然是传统的利差收入,非利息收入占比最高的银行也不到30%,还有相当多的商业银行非利息收入占比在一位数徘徊。加快金融创新已经成为中国商业银行业的首要任务。然而,尽管人们充分肯定了金融创新,尤其是商业银行创新对经济增长的重要性,但并未在测算R&D存量的基础上探讨商业银行业知识生产效率。从国际的经验事实可以看出,处于不同经济发展阶段的国家和地区之间,其商业银行业创新表现出了较大的差异,并且随着发达国家金融管制的放松和发展中国家的金融自由化改革,商业银行业的创新也在发生着较大的变化。

本文在既有研究成果基础上，利用中国商业银行业的面板数据，采用永续盘存法测算了我国商业银行业在 2010~2019 年的 R&D 资本存量，并在此基础上构建了知识生产函数模型，然后检验我国商业银行业规模变量、国有产权绩效状况等因素对商业银行业知识生产效率的影响。实证结果表明，我国商业银行业的技术创新并不完全取决于技术状态，而刚性的制度因素更能决定商业银行业的创新发展水平。

自奥地利经济学家 J. A. 熊彼特提出创新的基本概念和思想以来，西方学者就不断从生产函数出发，研究生产要素和生产条件能够实现的新组合。Griliches 通过对研究开发和知识溢出对生产率增长影响的研究，提出知识生产函数的概念，Jaffe 认为新经济知识是最重要的产出，企业追求新经济知识并将其投入生产过程，而投入变量则包括研发经费投入和人力资源投入。Romer 在关于内生增长模型的文献中着重讨论了知识生产函数的构建以及创新知识的流动是如何严重依赖现有的知识存量的。Brannick、Prince 认为只有建立科学合理的测度体系，才可以精确评估知识生产系统的资源投入和研发产出。Broadberry 和 Crafts 通过知识函数发现市场集中对创新产出有显著负影响。O'Dnoghue 和 Zweimüller 在内生增长的一般均衡框架中认识到了创新激励和垄断带来的扭曲取决于从事 R&D 的产业比例，而专利制度又会影响均衡条件下 R&D 在产业间的配置。Gwanghoon Lee 研究了国际 R&D 通过 FDI 产生技术溢出作用的渠道。Yoo-Jin Han 认为 R&D 资本存量不应该是各年 R&D 投入的加总，而应该用创新产出来衡量，因为过去的 R&D 会由于过时而出现贬值，其贬值程度是难以准确度量的，他认为用一个行业的专利数或发表的论文数来衡量 R&D 资本存量是恰当的做法。Fuat 和 Sener 构造了一个无尺度的内生增长模型，利用知识生产函数研究最佳的 R&D 政策。至此，我们回顾了国外学者在知识函数与 R&D 资本存量测算方面的主要文献，上述国外研究在研究方法、数学模型、问题的深入程度、指标体系的完整程度等方面都比较成功，但将其直接运用到我国银行业 R&D 资本存量测算研究中会存在以下问题。首先，各国金融体制、金融发展水平、金融开放程度、银行体系结构等仍然存在差异；其次，国外在测度 R&D 资本存量时采用的指标有些难以量化，在我国也难以搜集到准确数据，所以在研究这一问题时不能照搬国外的做法。

近年来国内也开展了相关研究，Hu 等人使用我国 29 个制造业大中型企业的数据测算了我国 1995~1999 年的 R&D 资本存量，发现我国 R&D 资本存量在 20 世纪最后 5 年几乎没有变化，基本是在 3000 亿元左右。李小平、朱钟棣运用 6 种不同的方法测算了外国 R&D 资本存量，发现其中两种存在缺陷。吴延兵在测算 R&D 资本存量的基础上，研究了知识生产的性质及其影响因素。邓进运用柯布-道格拉斯生产函数测算了 1995~2004 年我国 15 个高新技术产业的 R&D 资本存量，发现研发资本的贡献高于研发人员的贡献，研发生产过程表现出规模报酬递增的特征。吴延兵在生产函数理论的基础上，通过核算自主研发存量和国内外技术引进存量，运用一阶差分法和固定效应法，发现自主研发和国外技术引进对生产率有显著促进作用，但国内技术引进对生产率并没有显著影响。王俊运用知识生产函数测算出三组不同行业的 R&D 折旧率，然后运用永续盘存法测算了我国 28 个制造业在 1998~2005 年的 R&D 资本存量。

上述研究有助于我们认识中国高新技术产业和制造业研发的资本存量，以及影响研发产出的内部要素投入和相关因素，但是已有研究还存在某些局限性。第一，对 R&D 资本存量的测算主要集中在高新技术产业和制造业，对我国金融业特别是银行业 R&D 资本存量的测算到目前仍无人涉及。第二，在运用回归模型分析知识生产函数时，已有文献往往忽略了 R&D 投入与产出间的时滞关系，由于创新产出不仅依赖当期的 R&D 投入，而且取决于过去的 R&D 投入状况，因而如果仅运用当期 R&D 投入来测度创新水平将会存在较大的偏差。第三，在选用数据时，研发资本存量的计算以每一年的研发支出为基础，对人员劳务费进行了重复计算，同时在研究中国工业产业和高新技术产业研发支出时，对相关影响因素的研究不够全面，比如只是简单地考虑国有产权对研发产出效率的影响，没有从制度和技术层面去深刻分析其对研发的影响。

6.2 R&D 资本存量的测算

6.2.1 模型构建

在关于知识生产函数模型、内生增长模型的实证研究中，R&D 投入水平应该严格地以 R&D 资本存量来测度，但绝大多数文献在衡量 R&D 投入水平时往往以当期 R&D 支出或其滞后值来表示，导致实证结果偏差较大。由于测算 R&D 资本存量时存在数据来源、指标选取、测算方法等多方面的困难，因此大多数国内学者采用各年的 R&D 流量来替代 R&D 资本存量。近年来李小平、朱钟棣、吴延兵等学者率先开展了对 R&D 资本存量的测算工作，为揭示企业研发"黑箱"做出了有益探索。

已有文献一般采用永续盘存法对 R&D 资本存量进行估算：Coe、Helpman、Hall、Mairesse、Crépon、Duguet、Griliches、Hu、Jefferson、Qian，李小平、朱钟棣，吴延兵，王俊在测算 R&D 资本存量时均使用了这一方法。本书参考 Goto 和 Suzuki，Griliches，吴延兵的方法来估算中国银行业的 R&D 资本存量，其函数形式如下：

$$K_t = \sum_{k=1}^{n} \mu_k E_{t-k} + (1-\delta) K_{t-1} \qquad (6-1)$$

第 t 期的 R&D 资本存量可以用过去所有时期的 R&D 支出现值与第 $t-1$ 期的 R&D 资本存量现值之和来表示。K 代表 R&D 资本存量；E 代表 R&D 支出；k 为滞后期；μ 为 R&D 支出滞后贴现系数；δ 为 R&D 资本存量的折旧率。因为难以得到 R&D 支出的滞后结构，一般假定平均滞后期为 θ，并假定第 $t-\theta$ 期的 R&D 支出直接构成了 t 时期的 R&D 资本存量的增量，即 $k=\theta$ 时，$\mu_k=1$；$k\neq\theta$ 时，$\mu_k=0$，因而使得 $\sum_{k=1}^{n} \mu_k E_{t-k} = K_{t-\theta}$。在本文中，我们假定平均滞后期 $\theta=1$，则公式（6-1）可以转化为：

$$K_t = E_{t-1} + (1-\delta) K_{t-1} \qquad (6-2)$$

公式（6-2）共涉及四个变量[①]：当期 R&D 支出 E；R&D 支出价格指数；折旧率 δ；基期 R&D 资本存量 K_0。

[①] 变量的确定是本书的难点，Mansfield 认为 R&D 价格指数等变量的确定一直是创新经济学研究中一个棘手的问题。

6.2.2 变量的确定

1. R&D 资本支出的确定

R&D 支出由劳务费、原材料费、固定资产购建费和其他费用构成。知识生产函数也包括劳动投入,为避免出现劳务费重复计算的问题,吴延兵和王俊的处理方法都是将劳务费从 R&D 支出总额中扣除,得到 R&D 资本支出的费用。

2. R&D 资本支出价格指数的确定

由于物价水平的波动会影响 R&D 资本存量的测算,如何调整和确定 R&D 资本价格指数,国内外学者进行了诸多研究。Mansfield 在假定具有不变规模报酬的柯布-道格拉斯生产函数的基础上推导出了各产业的 R&D 价格指数。朱平芳、徐伟民将 R&D 支出价格指数设定为消费物价指数和固定资产投资价格指数的加权平均值,其中消费价格指数的权重为 0.55,固定资产投资价格指数的权重为 0.45。本书遵循吴延兵的做法,采取的是原材料购进价格指数与固定资产投资价格指数的加权平均值的办法来消除价格的影响。

3. 确定 R&D 资本存量的折旧率 δ

已有文献确定 δ 的方法主要有三种。第一种为根据经验直接将折旧率 δ 设定为 15%。第二种为通过计算专利各期收益贴现值总和与专利更新费用差额,也就是通过计算专利净收益来估计 δ(Pakes and Schankerman, 1984)。第三种假定 δ 值是专利产生收益时间长度的反函数(Goto and Suzuki, 1989)。由于第二种和第三种方法需要详细的专利数据,而中国目前还没有这方面数据的系统统计,所以本书采用第一种方法。

4. 基期 R&D 资本存量 K_0 的确定

根据 Goto and Suzuki（1989）、Coe and Helpman（1995）的方法，假定 R&D 资本存量 K 的平均增长率等于 R&D 支出 E 的平均增长率，即 $(K_t - K_{t-1})/K_{t-1} = (E_t - E_{t-1})/E_{t-1} = g$，其中 g 为 E 的平均增长率。由此可得，当 $t=1$ 时，$K_1 = (1+g)K_0$。又由公式（6-2）可得，$t=1$ 时，$K_1 = E_0 + (1-\delta)K_0$。将上述两式合并，可以计算出基期的 R&D 资本存量：

$$K_0 = E_0/(g+\delta) \quad (6-3)$$

对于 g，我们使用了 2009～2019 年银行业 R&D 实际支出的算术平均增长率，使用这 11 年的平均增长率是为了消除宏观经济或政策变化导致的 R&D 支出的大幅波动。计算出基期的 R&D 资本存量后，就可以运用公式（6-2）计算出历年的 R&D 资本存量。

6.3 R&D 资本存量的估算

6.3.1 样本数据及说明

本书的数据来源于 Bankscope 数据库、《中国金融年鉴》。在计算 R&D 资本存量时，时间跨度为 2010～2019 年。本书以新产品销售收入作为创新产出变量，在剔除含有变量缺失值的样本后，我们选取的 32 家样本商业银行可以按产权分为三大类：国有银行，其中又可分为三种类型，包括四大国有银行，有外资战略投资者的非四大国有银行，未引入外资战略投资者的非四大国有银行；国内股份制银行，按照是否引入外资战略投资者，也可以将其分为两类；外资银行。可以将银行分为大型、中型和小型三类，其划分标准是第 T 年银行的总资产规模，实证分析基础是截面和时间序列的混合数据库，样本所包含的 32 家中国商业银行的 296 个财务数据整体上为平行面板数据，且是不平衡的面板。

6.3.2 R&D 资本存量估算

本书将样本时间划分为两个区间：2010~2014 年和 2015~2019 年。将 32 个样本银行按照 R&D 经费投入强度分为三组：第一组为国有银行，本文将国家持有的股权比例超过 50% 的银行即国有银行列为第一组；第二组是股份制银行，本文将国内私人股份占银行总股份比例超过 50% 的银行即国内股份制银行列为第二组；第三组是外资银行，将外国股份占银行总股份比例超过 50% 的银行即外资银行列为第三组。通过对分组分时段估计的结果进行比较，我们发现折旧率均为正值，这是符合我们要求的数值。但 Hall 用相同的方法对美国制造业 R&D 资本存量的估计结果是负的，我们的解释是不同行业之间的折旧率存在差异。从具体数据来看，不同股权结构的银行其折旧率也存在着一定差异，外资银行的折旧率在 14%~16%；股份制银行折旧率在 15%~18%；国有银行的折旧率在 9% 左右。

利用三组行业的折旧率，就可以计算出各组的基期 R&D 水平，再利用 2010~2019 年各组的当期 R&D 支出及增长率指标就可以得出各行业 R&D 资本存量，全部年份的测算结果列于表 6.2 中。为了便于讨论，本文将 2019 年 R&D 资本存量的估算结果列于表 6.1。从表 6.2 中的数据可以看出，2019 年我国银行业 R&D 资本存量最高的是国有银行，R&D 资本存量最低的是外资银行，可以看出 R&D 资本存量与市场份额密切相关。因此，本书的 R&D 资本存量的测算结果与我国的现实情况大体是一致的。

表 6.1　R&D 资本存量的估算结果（2019 年）

	均值	标准差	中位数	最大值	最小值
NP（亿元）	109.37	231.65	36.81	478.43	5.80
K（亿元）	12.42	22.15	10.24	46.28	0.35
L（万人）	0.78	1.01	1.06	0.92	0.18
SALE（亿元）	537.78	600.16	125.02	967.28	263.22
EMP（万人）	12.34	13.62	4.86	20.32	6.67
OWN1	0.90	0.86	0.39	0.92	0.88
OWN2	0.84	0.76	0.35	0.87	0.81
PER	0.16	0.12	0.09	0.22	0.10

如表 6.2 所示，2010~2019 年我们测算的银行业的 R&D 资本存量一直处于上升的过程中，特别是 2013 年后，R&D 资本存量增长速度较快，这与我国银行业竞争加剧有关。特别是 2013 年以来，受经济发展进入新常态、利率市场化完成、金融"脱媒"深化、金融监管趋严等多重因素的叠加影响，银行业发展也进入新常态，各大银行的危机意识和发展观念也发生了改变。这从一个侧面反映了我国银行业以前科技投入严重不足，缺乏自主创新的物质基础，因而市场竞争加剧后其市场份额和利润增长可能受到极大的制约。

表 6.2　我国商业银行业在 2010~2019 年 R&D 资本存量

单位：亿元

年份	2010	2011	2012	2013	2014	2015	2016	2017	2018	2019
国有银行	21.86	22.82	25.50	30.10	37.25	47.82	64.62	89.74	126.40	180.56
股份制银行	14.56	15.34	17.14	20.33	25.67	34.17	47.53	70.94	107.48	165.35
外资银行	4.10	4.80	5.94	7.75	10.64	15.23	22.60	34.29	52.92	82.68

6.4　知识生产函数估计

6.4.1　知识生产函数

为克服以往研究的缺陷，Hall 运用知识生产函数来估计折旧率的数值。本文将在 Hall 的研究基础上，估计我国银行业的知识生产函数，并分析影响知识生产效率的各个因素。假定知识生产函数为广义柯布-道格拉斯生产函数：

$$Y = AL^{\alpha}K^{\beta}e^{u} \quad (6\text{-}4)$$

Y 表示研究与开发的产出，R&D 产出用新产品销售收入来表示，R&D 资本投入用测量的 R&D 资本存量来表示，R&D 劳动投入以技术活动人员数来表示。A 表示 R&D 投入的技术效率；L、K 分别表示 R&D 人员、R&D 资本存量；α、β 分别表示 R&D 资本投入和劳动投入的产出弹性。对（6-4）式进行对数化处理，得到：

$$\ln Y_{it} = \delta + \alpha \ln K_{it} + \beta \ln L_{it} + \lambda_1 S_{it} + \lambda_2 O_{it} + \lambda_3 P_{it} + u_i + \varepsilon_{it} \quad (6\text{-}5)$$

公式（6-5）中的 δ 表示常数项 $\ln A$；S 表示规模；O 表示产权

结构；P 表示绩效指标；t 表示时间；i 表示不同股权结构的银行；u_i 是非观测效应，即不随时间变化的行业特定性效应；ε_{it} 是特异性误差，即随时间变化的行业特定性效应。除了本书重点观察的规模、产权及绩效指标等会对 R&D 效率产生影响外，还有一些观测不到的影响因素：一类是不随时间而变化的产业效应 u_i，另一类是随时间而变化的产业效应 ε_{it}。假设企业按照成本最小化原则进行 R&D 投入决策，那么我们将得到 R&D 人员和 R&D 资本存量投入的比例关系：

$$\frac{\beta}{\alpha}=\frac{c_k^* K^*}{c_l L} \tag{6-6}$$

公式（6-6）中的 K^* 表示按照折旧率计算后的真实资本存量 R&D；c_k^*、c_l 分别表示 R&D 资本存量的成本和 R&D 人员的工资水平，反映了价格水平变动对 R&D 资本存量的影响程度。利用（6-6）式就可以估算出 $c_k^* K^*$。按照 Hall 的研究，反映 R&D 资本价格水平的 $c_k^*(t)$ 也存在折旧，并可由下面的关系式确定：

$$c_k^*(t)=P_k(t)\left[1-\frac{(1-\delta)[P_k(t+1)/P_k(t)]}{1+\rho}\right] \tag{6-7}$$

公式（6-7）中的 $P_k(t)$ 表示价格水平，可以用固定资产价格指数来表示；ρ 表示资本的预期收益率，假定为 10%。假定各年固定资产价格水平变动很小，那么利用公式（6-6）、公式（6-7）我们可以进一步得到：

$$c_k^*(t)K^*=P_k(t)\left[\frac{\rho+\delta}{(1+\rho)(\delta+g)}\right]K \tag{6-8}$$

通过对公式（6-5）进行估计，能够得到 R&D 人员和 R&D 资本存量的参数估计结果 α，β，从而利用公式（6-6）、公式（6-8），可以估算出折旧率。

在对公式（6-5）的估计中，本文采取了 GMM 估计方法，从而可以有效地克服解释变量的内生性问题以及个体效应与解释变量的相关性问题。在模型设定上选择固定效应模型还是随机效应模型，本文使用 Hausman 检验来识别。

同时，我们将估计的效应方程设定为：

$$u_i = \lambda_1 d_1 + \lambda_2 d_2 + \lambda_3 d_3 + \omega_{it} \tag{6-9}$$

我们采用 Hall 和 Jones 基于 Mincer 公式计算教育回报率的方法计算人力资本存量，假设人力资本能够提高劳动力的效率，故有：

$$\hat{L}_i^t = H_i^t L_i^t = e^{\varphi(\varepsilon_i^t)} L_i^t \tag{6-10}$$

其中，φ（·）呈分段线性形式，它的斜率（教育回报率）在最初的 4 年为 13.4%，接下来的 4 年为 10.1%，超过这 8 年则为 6.8%；ε_i^t 表示平均受教育年数，我们参考徐现祥和舒元的方法，使用受教育程度人口比重的权重来衡量，即 $\varepsilon_i^t = 5s_1 + 8s_2 + 11s_3 + 15s_4$，$s_i$ 分别表示银行员工中高中毕业生、本科毕业生、硕士毕业生和博士毕业生所占的比重。

6.4.2 知识生产函数估计

估计知识生产函数所使用的行业数据与估算 R&D 资本存量的数据相同，包含 32 家中国商业银行的财务数据，时间跨度为 2010~

2019年，296个观察值整体上为平行面板数据。在知识生产效率的影响因素中，为了验证估计结果的可靠性，我们分别使用了不同的指标来度量规模变量和产权结构变量。规模变量分别用银行业平均销售收入和银行业平均人员数来表示，产权结构变量分别用国有银行总产值比重和国有银行固定资产净值年平均余额比重来表示，绩效变量用销售利税率来表示。本书所使用的变量及其定义见表6.3。

表 6.3 变量定义

变量	符号	单位	定 义
创新产出	NP	亿元	新产品销售收入（非利息收入）
R&D 投入	K	亿元	R&D 资本存量，根据采用永续盘存法计算的 R&D 资本存量来表示
	L	万个	科技活动人员数，从事科技活动的时间（不包括加班时间）占全年工作时间10%及以上的人员，包括参与项目（课题）活动的管理人员、研发人员及其他人员
规模变量	SALE	亿元	银行销售收入/银行数量
	EMP	万人	银行员工人数/银行数量
产权结构变量	OWN1		国有银行总产值/全部银行业总产值
	OWN2		国有银行固定资产净值年平均余额/全部银行业固定资产净值年平均余额
绩效指标	PER		利税总额/销售收入

对知识生产函数进行估计的目的是考察 R&D 资本和劳动对产出的贡献以及知识生产过程的性质。以新产品销售收入作为 R&D 产出，建立新产品生产函数模型。分别运用随机效应模型与固定效应模型估计新产品生产函数，可以得到 Hausman 检验值为 1.28。

给定显著性水平为1%，Hausman检验支持随机效应模型。分别运用随机效应与固定效应模型估计专利生产函数，得到的Hausman检验值为14.28，也在1%的显著性水平上支持随机效应模型。因此，在知识生产函数模型及效率影响因素分析中，我们决定以随机效应模型作为分析的基础。

表6.4给出了新产品知识生产函数及其影响因素的估计结果。R&D资本和人员对新产品产出均有显著的影响，其中R&D人员的产出弹性为0.3268，R&D资本存量的产出弹性为0.2876。吴延兵对中国大中型工业企业的数据进行分析，发现R&D人员的产出弹性为0.4584，R&D资本存量的产出弹性为0.3515。我们运用银行业数据得到的产出弹性估计值小于吴延兵的估计值，除了折旧率的设定数值不同会造成测算值的不同之外，R&D支出的基期选择也将影响测算结果，吴延兵选择1993年为基期，本书选择2009年为基期。

表6.4 新产品知识生产函数及其影响因素的估计结果

变量	模型1	模型2	模型3	模型4	模型5
常数项	9.687	086	3.806	2.737	3.372
	(9.66)*	(15.35)*	(19.73)*	(2.39)*	(11.47)*
$\ln K$	−1.351	0.386	0.598	0.687	0.288
	(−4.77)*	(10.13)*	(13.37)*	(3.13)*	(9.83)*
$\ln L$	0.475	0.483	0.479	0.493	0.327
	(5.19)*	(7.87)*	(5.28)*	(7.63)*	(4.97)*
SALE	0.756	0.686	0.832	0.581	0.621
	(20.89)*	(10.34)*	(9.67)*	(5.63)*	(10.14)*

续表

变量	模型 1	模型 2	模型 3	模型 4	模型 5
EMP		0.916	0.762	0.265	0.546
		(11.75)*	(8.70)*	(3.31)*	(7.03)*
OWN1			-0.979	-0.468	-0.557
			(-14.05)*	(-2.13)*	(-9.32)*
OWN2				-0.468	-0.419
				(-2.13)*	(-8.57)*
PER					0.408
					(4.77)*
sigma-squared ($\sigma_V^2+\sigma_U^2$)	0.061	0.056	0.027	0.065	0.031
	(26.323)***	(16.787)***	(13.315)***	(0.992)	(13.512)***
gamma (γ)	0.183	0.996	0.825	0.588	0.196
	(7.995)***	(81.987)***	(8.165)***	(0.766)	(6.692)***
log (likelihood)	260.513	256.266	191.369	139.516	226.389
wald	253.60	257.18	260.23	261.36	267.68
number of iterations (degrees of freedom)	32	32	32	32	32
number of observations	296	296	296	296	296

注：参数估计值下面括号中的数据为 t 检验值，*、** 和 *** 分别表示参数估计值在 1%、5%、10%置信水平上显著。

我们的估计结果与大多数相关文献的结论是一致的，即知识生产函数具有规模报酬不变或递减的性质。新产品生产函数表现出规模报酬递减的特征，可能是银行业的知识外溢、掌握金融衍生工具的人才缺乏，使得在新的金融产品生产过程中投入要素不能按比例增加，进而导致规模报酬递减现象的出现。另外一个原因是，创新成果可能只能部分地转化为新产品，银行出于降低风险和应对监管的需要，对研发出来的新金融工具采取较为保守的措施，甚至束之高阁，那么这些创新成果就无法转化为新的金融产品，这表明在中国，是制度因素限制了商业银行的创新。

6.5 知识生产效率的影响因素

本书估计了知识生产函数后，现在分析知识生产效率的影响因素，本文选取企业规模、产权结构和绩效状况来逐一分析，然后再将这些影响因素联合起来进行综合考察。本书利用基本模型对 32 家中国商业银行 2010~2019 年的财务数据进行估计，表 6.4 中的模型 1~模型 4 是新产品生产效率单因素影响的估计结果，模型 5 是新产品生产效率多因素影响的估计结果。

由表 6.4 的模型 1~模型 4 的回归结果，可以发现企业规模、产权结构和绩效状况各自对新产品生产效率的影响作用。

首先，两个规模变量对新产品生产效率具有正影响作用。Mansfield、G. Geoffrey Booth、Chang-Yang Lee 都曾发现规模与 R&D 效率存在线性关系，即企业规模越大其新产品生产效率越高。本书的估计结果正好能与他们的结论相互印证。我们的估计结果表明，企业规模对 R&D 效率有显著的影响。一般而言，规模大的银行资金实力雄厚，存在着规模经济和范围经济，人员素质和管理水平较高，这可能使它们在创新活动中与小银行间存在明显的效率差异。

其次，国有产权对新产品生产效率具有负向影响，且两个国有产权比重指标对估计结果具有显著影响。Zhang et al.、Jefferson et al. 和吴延兵都发现国有企业有较低的技术效率或 R&D 效率，本书的估计结果与他们的研究结论一致。新兴股份制商业银行技术效率、纯技术效率值均高于国有银行，纯技术效率表现的是银行内部的管理技术水平，一定程度上表明了银行产权结构多元化有利于银行技术效率的提高。通过引进战略投资者和公开上市方式，逐步推进国有商业银行产权多元化改革，有利于商业银行吸收国外先进的管理理念和丰富的市场操作技术，对提高我国国有商业银行效率有重要意义。

最后，绩效状况对知识生产效率有显著的影响作用。绩效较好的银行可以采用更先进的技术和设备，能够为员工提供更好的福利和工作环境，这为提高效率提供了必要的条件。金融"脱媒"现象对商业银行的资产业务和负债业务造成了很大冲击，绩效较好的银行有足够的资源应对这种冲击，既可以改善传统的存贷款业务，以降低成本，提高效率，又能够加快金融创新步伐，这包括产品创新、业务创新等方面。

表 6.4 中的模型 5 将规模、产权和绩效因素联合起来考察它们对生产效率影响的估计结果。可见，当把这些因素联合起来进行考察时，其回归结果与单因素的回归结果基本一致：企业规模对新产品生产效率具有正影响作用；国有产权对新产品生产效率具有负影响作用；绩效指标对新产品生产效率具有显著的影响。这表明，这些影响因素对新产品生产效率的作用是稳定的，我们的估计结果具有较高的可靠性。

6.6 本章小结

6.6.1 主要分析结果

（1）数字化转型背景下不同股权结构的银行其折旧率也存在着一定差异，外资银行的折旧率在 14%~16%；股份制银行折旧率在 15%~18%；国有银行的折旧率在 9% 左右，出现差异可能与其发展战略和市场定位不同有关。

（2）数字化转型背景下我国银行业 R&D 资本存量最高的是国有银行，R&D 资本存量最低的是外资银行，可以看出 R&D 资本存量与市场份额密切相关。

（3）在观察期间银行业的 R&D 资本存量一直处于上升的过程中，特别是 2013 年后 R&D 资本存量增长速度较快，这与我国银行业竞争加剧有关。

（4）新产品生产函数表现出规模报酬递减的特征，这可能与银行业的知识外溢、掌握金融衍生工具的人才缺乏有关。在新的金融产品生产过程中投入要素不能按比例增加，进而出现规模报酬递减现象；规模报酬递减的特征也与我国金融业制度特征具有高度相关性。

（5）数字化转型背景下企业规模对新产品生产效率具有正向影响；国有产权对新产品生产效率具有负向影响；绩效指标具有显著的正影响作用。

6.6.2 主要的特色与创新

（1）本书首次以中国银行业数据为样本估算了银行业 R&D 资本

存量，以往对 R&D 资本存量的测算主要集中在高新技术产业和制造业，对我国金融业特别是银行业 R&D 资本存量的测算目前仍无人涉及。

（2）在运用回归模型分析知识生产函数时，本文考虑了 R&D 投入与产出间的时滞关系，由于创新产出不仅依赖当期的 R&D 投入，而且取决于过去的 R&D 投入，因而如果仅运用当期 R&D 投入来测度创新将会存在较大的偏差。

7 结论与展望

7.1 研究结论

金融行业数字化转型的全面推进对商业银行造成了一定的冲击和影响,继而影响商业银行效率。本书选取我国 32 家商业银行作为研究样本,采用 2009~2019 年所有样本银行的相关数据,结合本文的研究目的和研究假设选取相关变量,首先对数字化转型背景下我国商业银行效率进行系统评测,然后再从股权结构改革、引入外资战略投资者、金融科技创新等多个角度分析商业银行效率提升的影响因素,具体研究结论如下。

7.1.1 数字化转型背景下中国商业银行成本效率评价研究的主要结论

(1) 中国商业银行成本效率值不高。实证结果显示中国商业银行的成本效率不高。在国有银行中,中国银行的效率相对较高,中国工商银行效率则较低;在股份制银行中,招商银行、浦东发展银行、深圳发展银行等效率较高,但光大银行、兴业银行效率仅与国有银行相当，城市商业银行效率较低。

（2）成本效率在时间序列上呈一定的递增趋势。实证结果显示国有银行的成本效率处于上升状态，股份制银行的成本效率在样本期后五年的递增趋势尤为明显，效率提高最快的股份制商业银行是招商银行，其2019年的成本效率达到0.9968。

（3）国有银行成本效率高于股份制银行。国有银行成本效率较高，其原因是国有商业银行长期垄断国内信贷市场，资产负债规模占据市场一半以上的份额，从规模效益的角度看，其享有成本优势。商业银行业是一个规模报酬递增的行业，即商业银行业务规模、人员数量、机构网点、金融产品的扩大和增多会带来单位运营成本的下降，规模经济使得国有银行成本效率较高。

7.1.2　数字化转型背景下中国商业银行利润效率评价研究的主要结论

（1）中国商业银行利润效率值较高。实证结果显示，中国银行的利润效率较高，最高达到0.9587，与最佳银行只有不到5%的差距。国有银行中中国银行的利润效率相对较高，中国农业银行利润效率则较低；股份制银行中招商银行、浦发银行、深圳发展银行等效率较高，光大银行、中信银行效率较低；城市商业银行中重庆商业银行效率最低。

（2）利润效率在时间序列上呈一定的递减趋势。实证结果显示，中国商业银行的利润效率趋于下降，随着利率市场化不断推进、加入WTO带来的市场竞争加剧，商业银行的垄断利润有所下降。

（3）股份制银行利润效率高于国有银行。国有银行对收入的管理能力不高,很长一段时间对收入进行管理并未成为其工作重点。国有银行经营过程中不仅面临市场竞争的压力,还面临中央和地方政府给予政策贷款的政治压力,使其经营目的并不是利润最大化。

7.1.3 数字化转型背景下股权结构改革对中国商业银行效率影响分析的主要结论

(1) 外资商业银行是最有效率的银行。外资银行的利润效率值和利润效率排名是(0.792,0.807),股份制银行的利润效率值和排名是(0.753,0.794),非四大国有银行的利润效率值和排名是(0.619,0.632),利润效率估计中四大国有银行的利润效率值和排名最低(0.435,0.423),最有利润效率的银行是外资商业银行。随着时间的推移,三种所有制银行都有不同程度的效率改善。

(2) 国有银行的无效率情况比股份制银行严重,股份制银行的无效率情况比外资银行严重。外资银行对无效率的弹性为0.776-0.029t;股份制银行对无效率的弹性为0.975-0.036t;国有银行对无效率的弹性为1.159-0.028t。股份制银行对无效率的弹性-外资银行对无效率的弹性为0.199-0.007t>0,国有银行对无效率的弹性-股份制银行对无效率的弹性为0.184+0.008t>0。

(3) 股份制银行和外资银行间的效率差异呈一定的递减趋势。股份制银行和外资银行间的效率差异随时间缩小,而股份制银行和国有银行间的效率差异却趋于增大,这说明国有银行在效率方面处于非常不利的情形。

7.1.4 数字化转型背景下中国商业银行效率影响分析的主要结论

（1）市场集中度对商业银行效率具有显著负影响。集中度在一定程度上反映了商业银行的竞争程度，说明在经济转轨过程中，市场竞争程度的提高对我国商业银行效率产生了重要的促进作用。

（2）公司治理对商业银行效率具有显著负影响。公司治理对商业银行效率的回归系数为负，这是因为本文采用了代理成本来反映公司治理状况，而代理成本与公司治理是反方向变化的，所以计量结果表明改善公司治理水平能有效地促进银行效率的提高，由此可见在提高银行效率水平的过程中，提高中国商业银行的公司治理能力是一个不容忽视的问题。

（3）货币供应量增长率对商业银行效率产生了显著正面影响。货币供应量增加会对商业银行效率产生积极影响，货币供应量增长可能造成过度竞争和盈利下降，因此通过增加货币供应量提高商业银行效率关键在于货币供应量增长的同时维持可观的存贷利差。

（4）银行规模对银行效率产生了积极的影响。银行规模指标通过了显著性检验，而且其回归系数为正，说明扩大银行规模不仅可以增强其市场竞争力，还可以进一步提高资源配置效率。

7.1.5 数字化转型背景下引入外资战略投资者对商业银行效率影响分析的主要结论

（1）非四大国有银行引入外资战略投资者后利润效率得到提升。实证结果显示引入外资战略投资者的非四大国有银行利润效率值为0.717，未引入外资战略投资者的非四大国有银行利润效率值为0.521。

（2）引入外资战略投资者的股份制商业银行利润效率得到提升。实证结果显示引入外资战略投资者的股份制商业银行利润效率值为0.848，未引入外资战略投资者的股份制商业银行利润效率值为0.658，说明引入外资战略投资者能够提升股份制商业银行的效率。

（3）引入外资战略投资者后银行成本效率得到提升。实证结果表明，在引入少量外资股份后股份制商业银行的成本效率值从0.816增加到0.950，而非四大国有银行在引入少量外资股份后其成本效率值从0.912增加到0.943，但引入少量外资的非四大国有银行成本效率上升的速度低于引入少量外资的股份制银行。

7.1.6 数字化转型背景下技术创新对中国商业银行效率影响的实证研究

（1）知识生产函数具有规模报酬不变或递减的性质。实证结果表现出规模报酬递减的特征，可能是因为商业银行业的知识外溢、掌握金融衍生工具的人才缺乏，使得在新的金融产品生产过程中投入要素不能按比例增加，进而导致知识生产函数出现规模报酬递减现象。另外一个可能的原因是，创新成果只能部分转化为新产品，商业银行出于降低风险和应对监管的需要，对于研发出来的新金融工具采取较为保守的措施，甚至将其束之高阁，那么这些创新成果就无法转化为新的金融产品，这表明在中国，是制度因素阻碍了商业银行创新。

（2）不同股权结构的商业银行其折旧率也存在着一定差异。外资银行的折旧率在 14%~16%；股份制银行的折旧率在 15%~18%；国有银行的折旧率在 9%左右，出现差异可能与其发展战略和市场定位不同有关。

（3）R&D 资本存量与市场份额密切相关。实证结果表明，我国商业银行业 R&D 资本存量最高的是国有银行，其市场占有率最高，R&D 资本存量最低的是外资银行，其市场占有率较低。在观察期间商业银行业的 R&D 资本存量一直处于上升的过程中，特别是 2013 年后商业银行业 R&D 资本存量增长速度较快。

7.1.7　本书的主要结论

综合来看，本书的研究工作得到如下几方面主要结论。

（1）数字化转型背景下，股份制商业银行的效率水平普遍高于四大国有商业银行。股份制银行的平均效率值相对较高且每年的递增趋势尤为明显，国有银行的平均效率相对较低。在国有银行中，中国银行的效率相对较高，中国工商银行效率则较低；在股份制银行中，招商银行、浦发银行、深圳发展银行等效率较高，但光大银行、兴业银行仅与国有银行效率相当，甚至略低，没能发挥股份制银行的比较优势；城市商业银行效率较低，样本银行中重庆商业银行效率最低。替代盈利效率评价结果和标准盈利效率分析结果接近，在时间序列上呈一定的递减趋势。我国商业银行业中最具活力、效率最高的是股份制商业银行，效率最低的是服务范围限制在单一地区的城市商业银行。尽管国有银行在历年的效率评价中均处于规模报酬递减区域，但随着资产规模的增加，其年平均效率不仅没降低，反而有所上升，说明我国商业银行业还存在着 X 效率。

（2）数字化转型背景下，国有银行利润效率最低。长期以来，国家将四大国有银行作为传导货币政策、实施产业结构调整政策和开展宏观调控的重要载体，国有银行经营过程中不仅面临市场竞争的压力，还面临中央和地方政府给予政策贷款的政治压力，使其经营目的并不是利润最大化。这一结果与国有银行在其他国家的表现是一致的。Lewis 认为，国有银行股权会降低资源配置效率，他提出商业银行业兴衰会对国民经济产生巨大影响，国家试图通过国有股权形式控制商业银行业，但国家目的是实现政治目标，政治目标与社会福利函数存在差异，国有银行股权会影响资源配置效率。国有银行利润效率低可能是因为长期享有可观的"垄断性收益"，使其缺乏自负盈亏的意识，其创造收入、获取利润的能力很差。

（3）数字化转型背景下，国有银行成本效率较高。国有银行长期垄断国内信贷市场，其资产负债规模占据市场一半以上份额，从规模效益的角度上看享有来成本优势。在业务操作层面上，国有银行往往在发放贷款和监测贷款时不愿意花费成本，不仔细加以甄别，这在短期也会节约成本。国有银行由于政府的绝对控股管制形式，往往能够享受到特别的补贴，这也在一定程度上节约了成本。比如，国有银行可以在办公楼租金上享有优惠，可以从政府所有的非金融机构获取低于市场利率的存款等。

（4）数字化转型背景下，中国商业银行利润效率不高。样本银行所获得的利润效率只有最佳银行的一半多，在利润效率上还存在至少35%的提升空间。估计结果显示，在所有股权结构的样本银行中，外资银行的利润效率最高，其次是股份制银行，四大国有银行的利润效率值和排名最低。在研究中我们还发现非常有趣的现象，非四大国有银行中引入外资战略投资者的银行效率要高于未引入外资战略投资者的银行，相同的实证结果也出现在股份制银行中。检验结果显示虽然四大国有银行利润效率低下，但引入少量的外资能够提高其利润效率。

（5）数字化转型背景下，引入外资战略投资者能够提升中国商业银行效率。引入外资后，外资股东通常会获得银行董事会的席位，这些外国董事会成员会将高级的银行管理技术转移到中国，进而提高公司治理和风险管理能力，有些引入外资的银行还派自己的员工去外资银行的海外总部学习先进的管理技术。我国商业银行在引进外资战略投资者的过程中提升了银行效率，增强了自身的竞争力。引入外资战略投资者可以实现产权结构多元化以及中资银行经营与管理的规范化。外资战略投资者在参股后，必定十分关注中资银行的经营运作、内部管理和风险控制能力。

（6）数字化转型背景下，市场集中度、公司治理指标、货币供应量和规模经济指标都对银行效率产生了积极的影响。本书对效率影响因素的实证结果在一定程度上支持了"超产权假设"。从回归结果看，银行规模扩张是提高商业银行效率的重要途径；货币供应量对商业银行效率的影响说明其过于依赖利息收入；样本银行的公司治理有效促进了商业银行效率的提高，这在一定程度上说明我国商业银行公司治理存在某些我们所忽视的积极一面；另外，没有变量通过回归检验，说明它们对商业银行效率的影响并不显著。

（7）数字化转型背景下，商业银行规模对新产品生产效率具有正向影响作用。在观察期间商业银行业的 R&D 资本存量一直处于上升的过程中，特别是 2000 年后 R&D 资本存量增长速度较快，我国商业银行业 R&D 资本存量最高的是国有银行和大型银行，R&D 资本存量最低的是外资银行和小型银行，可以看出 R&D 资本存量与商业银行规模和市场份额密切相关。

7.2　研究展望

数字化转型背景下中国商业银行效率评价是一个复杂并具有重要研究意义的课题，有着广阔的理论与应用研究空间，限于本书篇幅与时间等客观因素，还有很多有意思的研究可以进一步深入。

（1）没有采用非参数法评价商业银行效率

尽管非参数法没有考虑随机误差的干扰，而且存在效率评价结果离散度较大的问题，但我们仍然可以采用非参数法与参数法同时评价商业银行效率，并比较其评价结果。

（2）没有考虑贷款质量对商业银行效率的影响

本书直接使用了资产负债表中的贷款数量作为商业银行产出，下一步的工作可以将不良贷款从资产负债表中剔除，使得效率评价能够更真实地反映贷款产出情况，进而使商业银行效率评价更加合理。

（3）没有分析风险管理与商业银行效率的关系

在开放条件下，我国商业银行不仅面对效率问题，同时面对风险管理问题。将"资产利用率""贷款增长率""存贷比""权益比""经营性收入增长率"等指标作为风险先行指标来分析风险管理与商业银行效率的关系会是一个有意思的研究课题。

(4) 没有考察企业文化对商业银行效率的影响

优秀的银行企业文化，对内可凝聚强大的精神力量，对外可塑造完美的银行形象，从而推动经营业务的发展，增强银行自身的竞争力，提升银行效率。如何从企业文化的视角去观察和提升银行效率也是一个值得我们研究的课题。

参考文献

1. 外文期刊文献

[1] Farrell, M. J. 1957. "The Measurement of Productive efficiency." *Journal of the Royal Statistical Society. SeriesA*: 253-281.

[2] Aigner. D. J. and Chu S. F. 1968. "On Estimating the Industry Production Function." *American Economic Review* Vol. 13: 568-598.

[3] Aigner D. J., Lovell C. A. K. and Schmidt P. 1977. "Formulation and Estimation of Stochastic Frontier Production Function Models." *Journal of Econometrics*: 21-37.

[4] Griliches, Zvi. 1979. "Issues in Assessing the Contribution of R&D to Productivity Growth." *Journal of Economics*: 92-116.

[5] Battese E. and Coelli T. 1988. "Prediction of Firm Level Technical Efficiencies with a Generalized Frontier Production Function and Panel Data." *Journal of Econometrics*: 387-399.

[6] Jaffe, A. B. 1989. "Real Effects of Academic Research." *American Economic Review*: 957-970.

[7] Romer Paul M. 1990. "Endogenous Technological Change."

Journal of Political Economy: 71-102.

[8] Berger and Humphrey. 1991. "The Dominance of Inefficiencies Over Scale and Product Mix Economies in Banking." *Journal of Monetary Economics*: 117-148.

[9] Besanko, D. and A. V. Thakor, Banking Deregulation. 1992. "Allocational Consequences of Relaxing Entry Barriers." *Journal of Banking and Finance*: 909-932.

[10] Battese G. E, Collie and T. J. Frontier Production Functions. 1992. "Technical Efficiency and Panel Data: With Application to Paddy Farmers in India." *Journal of Productivity Analysis*: 153-169.

[11] Bauer, P. W., Berger, A. N. and Humphrey, D. B. 1993. *Efficiency and Productive Growth in US Banking*. New York: Oxford University Press.

[12] Battese G. and T. Coelli A. 1995. "Model for Technical Inefficiency Effects in a Stochastic Frontier Reduction Function for Panel Data." *Empirical Economics*: 325-332.

[13] Berger, A. N., Humphrey, D. B. 1997. "Efficiency of Financial Institutions: International Survey and Directions for Future Research." *European Journal of Operational Research*: 175-212.

[14] Allen N. Berger, Robert De Young. 1997. "Problem Loans and Cost Efficiency in Commercial Banks." *Journal of Banking & Finance*: 849-870.

[15] Berger, A. N., Mester, L. J. 1997. "Inside the Black Box: What Explains Differences in the Efficiency of Financial Institutions."

Journal of Banking and Finance: 895-947.

[16] Gunter Lang, Peter Welzel. 1998. *Technology and Cost Efficiency in Universal Banking*. Boston: Kluwer Academic Publishers.

[17] Coelli, T., Rao, D. S. P., Battese, G. E. 1998. *An Introduction to Efficiency and Productivity Analysis*. Boston: Kluwer Academic Publishers.

[18] Rien Wagenvoort, Paul Schure. 1999. "The Recursive Thick Frontier Approach to Estimating Efficiency." *Economic and Financial Report*.

[19] Linda A., Toolsema Veldman, Lambert Sehoonbeek. 1999. "Bank Behavior and the Inter-bank Rate in an Oligo Polistic Market." *Working Paper of Groningen University*.

[20] Angelini, P. and N. Cetorelli. 2000. "Bank Competition and Regulatory Reform: The Case of the Italian Banking Industry." *Bank of Italy*.

[21] Boot A. W. and Schmeits. 2000. "Market Discipline and Incentive Problems in Conglomerate Firms with Applications to Banking." *Journal of Financial Intermediation*: 240-273.

[22] Chen YiKai. 2001. "Does Bank Efficiency Change with the Business Cycle? The Relationship between Monetary Policy, Economic Growth, and Bank Condition." *Drexel University Working Paper*: 112-150.

[23] Andrade. G, Mitchell. M, and Stafford E. 2001. "New Evidence and Perspectives on Mergers." *Journal of Economic Perspectives*.

[24] Carbo, Gardener, Williams. 2002. "Efficiency in Banking: Empirical Evidence from the Savings Sector." *The Manchester School*: 204-228.

[25] Weill, L. 2003. "Banking Efficiency in Transition Economies: the Role of Foreign Ownership." *Economics of Transition*: 569–592.

[26] Hasan, I., Marton, K. 2003. "Development and Efficiency of the Banking Sector in a Transitional Economy: Hungarian Experience." *Journal of Banking Finance*: 2249–2271.

[27] Erlend Nier, Ursel Baumann. 2003. "Market Discipline. Disclosure and Moral Hazard in Banking." *Bank of England*.

[28] Greene W. 2003. "Simulated Likelihood Estimation of the Normal 2 Gamma Stochastic Frontier Function." *Journal of Productivity Analysis* V: 179–190.

[29] Griffiths E. and O'Donnell J. 2003. "Estimating Variable Returns to Scale Production Frontiers with Alternative Stochastic Assumptions." Working Paper.

[30] Berger, A. N, Hasan, I., Klapper, L. F. 2004. "Further Evidence on the Link between Finance and Growth: An International Analysis of Community Banking and Economic Performance." *Journal of Financial Services Research*: 169–202.

[31] Stevens P. A. 2004. "Accounting for Background Variables in Stochastic Frontier Analysis." NIESR Discussion Paper.

[32] Bonaccorsi di Patti, E., Hardy, D. 2005. "Bank Reform and Bank Efficiency in Pakistan." *Journal of Banking and Finance*: 2381–2406.

[33] Bonin, J. P., Hasan, I., Wachtel, P. 2005. "Bank Performance, Efficiency and Ownership in Transition Countries." *Journal of Banking and Finance*: 31–53.

[34] B. Casu and C. Girardone. 2006. "Bank Competition, Concentration and Efficiency in the Single European Market." *The Manchester School*: 441-468.

[35] Simon H. Kwan. 2006. "The X-efficiency of Commercial Banks in Hong Kong." *Journal of Banking & Finance*: 1127-1147.

[36] Yildirim, H. S., Philippatos, G. C. 2007. "Efficiency of Banks: Recent Evidence from the Transition Economies of Europe 1993-2007." *European Journal of Finance*: 123-143.

[37] Victor Shih, Qi Zhang, Mingxing Liu. 2007. "Comparing the Performance of Chinese Banks: A Principal Component Approach." *China Economic Review*: 15-34.

[38] Michael Firth, Chen Lin, Sonia M. L. Wong. 2008. "Leverage and Investment under a State-owned Bank Lending Environment: Evidence from China." *Journal of Corporate Finance*: 642-653.

[39] Robert Lensink, Aljar Meesters, Ilko Naaborg. 2008. "Bank Efficiency and Foreign Ownership: Do Good Institutions Matter?" *Journal of Banking & Finance*: 834-844.

[40] Fuat, Sener. 2008. "R&D Policies, Endogenous Growth and Scale Effects." *Journal of Economic Dynamics & Control*: 176-193.

[41] Abhiman Das, Saibal Ghosh. 2009. "Financial Deregulation and Profit Efficiency: A Nonparametric Analysis of Indian Banks." *Journal of Economics and Business*: 509-528.

[42] Xiaochi Lin, Yi Zhang. 2009. "Bank Ownership Reform and Bank Performance in China." *Journal of Banking & Finance*: 20-29.

［43］Ana I. Fernández, Francisco González, Nuria Suárez. 2010. "How Institutions and Regulation Shape the Influence of Bank Concentration on Economic Growth: International Evidence." *International Review of Law and Economics*: 1, 28-36.

［44］Luiz de Mello, Mauro Pisu. 2010. "The Bank Lending Channel of Monetary Transmission in Brazil: A VECM Approach." *The Quarterly Review of Economics and Finance*: 1, 50-60.

［45］Kozo Harimaya. 2008. "Impact of Nontraditional Activities on Scale and Scope Economies: A Case Study of Japanese Regional Banks." *Japan and the World Economy*: 2, 175-193

［46］Larissa Kyj, Ihsan Isik. 2008. "Bank X-efficiency in Ukraine: An Analysis of Service Characteristics and Ownership." *Journal of Economics and Business*: 4, 369-393.

［47］Simon H. Kwan. 2006. "The X-efficiency of Commercial Banks in Hong Kong." *Journal of Banking & Finance*: 1127-1147.

［48］Allen N. Berger, Diana Hancock, David B. 1993. "Humphrey. Bank Efficiency Derived from the Profit Function." *Journal of Banking & Finance*: 2, 317-347.

［49］Michael K. Fung. 2006. "Scale Economies, X-efficiency, and Convergence of Productivity among Bank Holding Companies." *Journal of Banking & Finance*: 2857-2874.

［50］M. Kabir Hassan, David R. Tufte. 2001. "The X-Efficiency of a Group-Based Lending Institution: The Case of the Grameen Bank." *World Development*: 1071-1082.

[51] Jan-Egbert Sturm, Barry Williams. 2004. "Foreign Bank Entry, Deregulation and Bank Efficiency: Lessons from the Australian Experience." *Journal of Banking & Finance*: 1775-1799.

[52] Xueming Luo. 2003. "Evaluating the Profitability and Marketability Efficiency of Large Banks: An Application of Data Envelopment Analysis." *Journal of Business Research*: 627-635.

[53] Santiago Carbó Valverde, David B. Humphrey, Rafael López del Paso. 2007. "Do Cross-country Differences in Bank Efficiency Support a Policy of National Champions?" *Journal of Banking & Finance*: 2173-2188.

[54] J. W. B. Bos, M. Koetter, J. W. Kolari, C. J. M. Kool. 2009. "Effects of Heterogeneity on Bank Efficiency Scores." *European Journal of Operational Research*: 1, 251-261.

[55] Carbo, Gardener, Williams. 2002. "Efficiency in Banking: Empirical Evidence from the Savings Sector." *The Manchester School*: 2, 204-228.

2. 中文期刊文献

[1] 于良春、鞠源:《垄断与竞争：中国银行业的改革和发展》,《经济研究》1999年第8期。

[2] 易纲、赵先信:《中国的银行竞争：结构扩张、工具创新与产权改革》,《经济研究》2001年第8期。

[3] 叶欣、郭建伟、冯宗宪:《垄断到竞争：中国商业银行业市场结构的变迁》,《金融研究》2001年第11期。

[4] 刘伟、黄桂田:《中国银行业改革的侧重点：产权结构还

是市场结构》,《经济研究》2002年第8期。

[5] 张健华:《我国商业银行的 X 效率分析》,《金融研究》2003年第6期。

[6] 黄宪、王方宏:《中国与德国的国有银行效率差异及其分析》,《世界经济》2003年第2期。

[7] 姚树洁、冯根福、姜春霞:《中国银行业效率的实证分析》,《经济研究》2004年第8期。

[8] 李维安、曹廷求:《股权结构、治理机制与城市银行绩效——来自山东、河南两省的调查证据》,《经济研究》2004年第12期。

[9] 时旭辉:《超产权论及其对我国国有商业银行改革的启示》,《金融与经济》2004年第10期。

[10] 樊纲、胡永泰:《"循序渐进"还是"平行推进"?——论体制转轨最优路径的理论与政策》,《经济研究》2005年第1期。

[11] 迟国泰、孙秀峰、芦丹:《中国商业银行成本效率实证研究》,《经济研究》2005年第6期。

[12] 郭妍:《我国商业银行效率决定因素的理论探讨与实证检验》,《金融研究》2005年第2期。

[13] 孙巍、王铮、何彬:《商业银行绩效的演化趋势及其形成机理——基于1996—2002年混合数据的经验研究》,《金融研究》2005年第10期。

[14] 谢朝华、陈学彬:《论银行效率的结构性基础》,《金融研究》2005年第3期。

[15] 王聪:《基于资本结构和风险考虑的中国商业银行 X 效率

研究》,《管理世界》2006 年第 11 期。

[16] 徐传谌、齐树天:《中国商业银行 X-效率实证研究》,《经济研究》2007 年第 3 期。

[17] 吴栋、周建平:《基于 SFA 的中国商业银行股权结构选择的实证研究》,《金融研究》2007 年第 7 期。

[18] 杨大强、张爱武:《1996—2005 年中国商业银行的效率评价——基于成本效率和利润效率的实证分析》,《金融研究》2007 年第 12 期。

[19] 林毅夫、孙希芳:《银行业结构与经济增长》,《经济研究》2008 年第 9 期。

[20] 陈雨露、马勇:《社会信用文化、金融体系结构与金融业组织形式》,《经济研究》2008 年第 3 期。

[21] 李艳虹:《股权结构与商业银行绩效:国际比较与我国实证》,《金融研究》2008 年第 11 期。

[22] 王鹤立:《我国金融混业经营前景研究》,《金融研究》2008 年第 9 期。

[23] 吴延兵:《自主研发、技术引进与生产率——基于中国地区工业的实证研究》,《经济研究》2008 年第 8 期。

[24] 张维、邱勇:《多银行贷款池的组合违约风险研究》,《管理科学学报》2008 年第 4 期。

[25] 韩明、谢赤:《我国商业银行绩效考评体系研究》,《金融研究》2009 年第 3 期。

[26] 王俊:《我国制造业 R&D 资本存量的测算(1998-2005)》,《统计研究》2009 年第 4 期。

[27] 殷孟波、石琴、梁丹：《银行业竞争测度模型评述——基于非结构分析视角》，《金融研究》2009年第7期。

[28] 姚铮、汤彦峰：《商业银行引进境外战略投资者是否提升了公司价值——基于新桥投资收购深发展的案例分析》，《管理世界》2009年第S1期。

[29] 许友传、何佳、王灵芝：《政府隐性保险政策与银行业风险承担行为——对"国家信用悖论"的理论解释》，《管理工程学报》2009年第2期。

[30] 司马则茜、蔡晨、李建平：《度量银行操作风险的POT幂律模型及其应用》，《中国管理科学》2009年第1期。

[31] 何蛟、傅强、潘璐：《股权结构改革对我国商业银行效率的影响》，《财经科学》2010年第7期。

[32] 高玮：《商业银行效率研究综述》，《生产力研究》2010年第7期。

[33] 汪慧玲、余实：《基于DEA的国有、全国性和地方性商业银行效率差异研究》，《学习与实践》2010年第8期。

[34] 周四军、冯岑：《基于HLM模型的中国商业银行规模效率研究》，《统计与信息论坛》2010年第9期。

[35] 何蛟、傅强、潘璐：《引入外资战略投资者对我国商业银行效率的影响》，《中国管理科学》2010年第5期。

[36] 朱玉林、周杰、刘旖：《以DEA法为工具的商业银行效率指标体系构建与评价》，《现代财经（天津财经大学学报）》2010年第11期。

[37] 周逢民、张会元、周海、孙佰清：《基于两阶段关联DEA

模型的我国商业银行效率评价》,《金融研究》2010年第11期。

[38] 郭洪、许一涌、张合金:《从股东价值分解视角看商业银行效率》,《管理世界》2010年第12期。

[39] 曾俭华:《国际化经营对中国商业银行效率的影响研究》,《国际金融研究》2011年第1期。

[40] 王兵、朱宁:《不良贷款约束下的中国上市商业银行效率和全要素生产率研究——基于SBM方向性距离函数的实证分析》,《金融研究》2011年第1期。

[41] 芦锋、刘维奇:《基于DEA方法的我国商业银行效率研究》,《山西大学学报》(哲学社会科学版)2011年第2期。

[42] 丁忠明、张琛:《基于DEA方法下商业银行效率的实证研究》,《管理世界》2011年第3期。

[43] 唐齐鸣、付雯雯:《商业银行效率、风险与技术进步——基于18家国际大银行的实证分析》,《经济管理》2011年第3期。

[44] 徐翔、傅振仪:《中国农业银行经营综合效率发展研究》,《理论月刊》2011年第4期。

[45] 万阿俊:《中印商业银行效率的实证比较研究》,《上海经济研究》2011年第4期。

[46] 陈玉罡、孙振东、刘静攀:《境外战略投资者对商业银行效率与治理影响的实证研究》,《软科学》2011年第6期。

[47] 汪翀:《关于商业银行效率对绩效影响程度的实证研究》,《财政研究》2011年第7期。

[48] 董竹、张春鸽:《中国大中型银行与小型商业银行效率的比较——基于投入主导型的DEA测度》,《经济管理》2011年第7期。

［49］周四军、安普帅、陈芳蓉：《基于 Panel Data 模型的我国商业银行效率研究》，《财经理论与实践》2011 年第 4 期。

［50］李勇、王满仓：《基于超越对数函数的商业银行成本、利润效率实证研究》，《投资研究》2011 年第 8 期。

［51］李文华、王自锋：《两岸商业银行效率的 DEA 比较分析》，《经济经纬》2011 年第 6 期。

［52］吴晨：《我国上市商业银行效率测度及影响因素分析——基于 DEA 的实证分析》，《山西财经大学学报》2011 年第 11 期。

［53］芦锋、刘维奇、杨威：《我国商业银行效率的评估与分析——基于傅立叶变换成本函数的研究》，《中国软科学》2011 年第 11 期。

［54］张立新：《基于 DEA 的我国商业银行效率评价》，《山东社会科学》2012 年第 1 期。

［55］侯瑜、詹明君：《商业银行效率及其影响因素实证研究》，《税务与经济》2012 年第 1 期。

［56］芦锋、刘维奇、史金凤：《我国商业银行效率研究——基于储蓄新视角下的网络 DEA 方法》，《中国软科学》2012 年第 2 期。

［57］李勇、王满仓：《资本监管、货币政策与商业银行效率非对称效应——基于面板门限回归模型的再检验》，《经济评论》2012 年第 2 期。

［58］岳华、张晓民：《基于风险调整的中国商业银行效率评价研究》，《山东社会科学》2012 年第 4 期。

［59］潘秀、王雷：《西北地区城市商业银行效率分析——基于 DEA 和 Malmquist 指数法的实证研究》，《宁夏社会科学》2012 年第

3 期。

[60] 陈凯：《中国商业银行效率评析与财务分析》，《经济问题探索》第 6 期。

[61] 王莉、李勇、王满仓：《中国商业银行 SBM 效率实证分析——基于修正的三阶段 DEA 模型》，《上海经济研究》2012 年第 6 期。

[62] 张进铭、廖鹏、谢娟娟：《不良贷款约束下的我国商业银行效率分析》，《江西财经大学学报》2012 年第 4 期。

[63] 陈凯、赵晓菊：《中国、德国和美国商业银行效率差异及其比较优势分析》，《国际金融研究》2012 年第 9 期。

[64] 朱永利：《商业银行效率研究进展：国内外文献综述》，《上海金融》2012 年第 9 期。

[65] 马若微、原鹏：《地方政府融资平台类贷款对我国商业银行效率的负面影响》，《现代财经》（天津财经大学学报）2012 年第 11 期。

[66] 虞晓雯、雷明、王其文、邓洁：《中国商业银行效率的实证分析（2005—2011）——基于时间序列回归和随机 DEA 的机会约束模型》，《中国管理科学》2012 年第 S1 期。

[67] 周四军、胡瑞、王欣：《我国商业银行效率 DEA 测评模型的优化研究》，《财经理论与实践》2012 年第 6 期。

[68] 孙海刚：《我国城市商业银行效率研究》，《金融理论与实践》2013 年第 2 期。

[69] 张玉新、徐阳：《IPO 对中国商业银行效率的影响分析》，《社会科学战线》2013 年第 3 期。

［70］时乐乐、赵军：《中国上市商业银行效率及影响因素实证研究》，《经济体制改革》2013年第2期。

［71］丁曼、马超群、周忠宝、刘德彬：《基于三阶段加性DEA模型的我国上市商业银行效率研究》，《系统工程》2013年第4期。

［72］章晟、杜灵青：《信贷调控对商业银行效率影响的实证研究》，《中南财经政法大学学报》2013年第3期。

［73］王文卓：《我国商业银行股改效率评价与影响因素分析——基于DEA超效率模型和Tobit回归模型》，《上海金融》2013年第5期。

［74］孙金岭：《我国上市商业银行效率实证分析》，《统计与决策》2013年第10期。

［75］周四军、杨超、莫宪：《产权异质性与商业银行效率差异分位数估计》，《商业研究》2013年第6期。

［76］张召龙：《外资银行进入与我国商业银行效率的关系研究——基于DEA与面板数据综合分析》，《经济经纬》2013年第4期。

［77］刘孟飞、张晓岚：《风险约束下的商业银行效率及其影响因素研究》，《金融研究》2013年第7期。

［78］张小妮、张宝山、袁晓玲：《中国商业银行效率与股票收益关系研究》，《统计与决策》2013年第14期。

［79］王玲、谢玉梅、胡基红：《我国农村商业银行效率及其影响因素分析》，《财经论丛》2013年第5期。

［80］靳素君：《基于数据包络分析（DEA）模型的河南省城市商业银行效率研究》，《金融理论与实践》2013年第10期。

［81］芦锋、史金凤：《投入产出对我国商业银行效率的影响分

析——基于网络 DEA 和面板数据分析方法》,《山西大学学报》(哲学社会科学版)2013 年第 6 期。

[82] 纪建悦、孔胶胶:《利益相关者关系视角下考虑非期望产出的商业银行效率问题研究》,《中国管理科学》2013 年第 6 期。

[83] 卜振兴:《我国上市商业银行效率评价研究》,《西南民族大学学报》(人文社会科学版)2014 年第 8 期。

[84] 梅国平、甘敬义、朱四荣:《基于三阶段 DEA 和 MALMQUIST 指数分解的中国商业银行效率研究》,《江西师范大学学报》(哲学社会科学版)2014 年第 4 期。

[85] 姜永宏、蒋伟杰:《中国上市商业银行效率和全要素生产率研究——基于 Hicks-Moorsteen TFP 指数的一个分析框架》,《中国工业经济》2014 年第 9 期。

[86] 王婧:《我国商业银行效率测度分析——基于 SFA 技术的实证研究》,《经济问题》2014 年第 11 期。

[87] 郭文、孙涛:《环境和管理双重视角下商业银行效率评价及分解》,《经济管理》2014 年第 12 期。

[88] 刘春志、吉琳:《多元化经营对商业银行效率影响的实证分析》,《统计与决策》2014 年第 23 期。

[89] 满媛媛、杨印生、孙巍:《商业银行:效率、市场结构与绩效的关系研究》,《数理统计与管理》2015 年第 1 期。

[90] 徐占东:《基于聚类分析的商业银行效率评价模型研究》,《统计与决策》2015 年第 4 期。

[91] 周再清、杨鹤皋:《我国农村商业银行效率测度及其影响因素探讨》,《广州大学学报》(社会科学版)2015 年第 5 期。

[92] 李双杰、张锦良:《我国商业银行效率研究——基于交互评价的两阶段网络交叉效率模型》,《中南大学学报》(社会科学版) 2015 年第 3 期。

[93] 何康:《利率市场化有利于改善城市商业银行效率吗——来自中国 24 家城市商业银行的经验证据》,《南方经济》2015 年第 8 期。

[94] 李鸣迪:《基于 DEA 方法的我国城市商业银行效率实证研究》,《上海金融》2015 年第 12 期。

[95] 罗小伟、刘朝:《资本监管、货币政策与商业银行效率研究》,《经济管理》2016 年第 2 期。

[96] 赵红、赵雪言、张翼:《境外战略投资者持股中资银行对我国商业银行效率的影响》,《西安交通大学学报》(社会科学版) 2016 年第 2 期。

[97] 段永瑞、黄鹏彬、张艳霞:《基于 DEA 模型的中国商业银行效率及生产率评价》,《工业工程与管理》2016 年第 2 期。

[98] 刘春志、胡雪玉:《基于 DEA 交叉模型的中国银行业效率研究》,《经济与管理》2016 年第 4 期。

[99] 童馨乐、姬胜男、张为付、杨向阳:《所有制结构、引资战略与中国商业银行效率——基于 HM 指数与 Tobit 模型的实证研究》,《南开经济研究》2016 年第 4 期。

[100] 谭政勋、庹明轩:《不良贷款、资本充足率与商业银行效率》,《金融论坛》2016 年第 10 期。

[101] 肖卫国、崔亚明、尹智超:《数量型与价格型货币政策工具对商业银行效率的影响研究——基于中国商业银行异质性的视

角》,《经济评论》2016年第6期。

[102] 李丽芳、曾莹:《制度因素对商业银行效率的影响——基于中国106家银行的检验证据》,《金融经济学研究》2016年第5期。

[103] 郭捷、周婧:《互联网金融背景下我国上市商业银行的效率实证研究》,《运筹与管理》2016年第6期。

[104] 顾晓安、袁照贺、龚德风:《我国城市商业银行效率的区域差异及其影响因素研究》,《南京审计大学学报》2017年第1期。

[105] 向小东、赵子燎:《基于网络DEA交叉效率模型的我国商业银行效率评价研究》,《工业技术经济》2017年第2期。

[106] 罗蓉、袁碧蓉:《利率市场化对我国商业银行效率的影响研究——基于筹资、投资两阶段DEA模型效率测度》,《湘潭大学学报》(哲学社会科学版)2017年第2期。

[107] 张浩、杨慧敏:《基于考虑非期望产出的超效率网络SBM模型的我国商业银行效率》,《系统工程》2017年第4期。

[108] 申创、赵胜民:《市场竞争度、非利息业务对商业银行效率的影响研究》,《数量经济技术经济研究》2017年第9期。

[109] 曾小春、钟世和:《利率市场化对商业银行效率的影响:研究进展与启示》,《管理学刊》2018年第4期。

[110] 钟世和、何英华、吴艳:《基于改进SFA模型的银行效率与风险动态关系研究——来自中国16家上市商业银行的经验证据》,《统计与信息论坛》2018年第12期。

[111] 段永瑞、景一方、李贵萍:《基于两阶段DEA方法的中

国商业银行效率评价》，《运筹与管理》2019 年第 2 期。

[112] 周晶、陶士贵：《结构性货币政策对中国商业银行效率的影响——基于银行风险承担渠道的研究》，《中国经济问题》2019 年第 3 期。

[113] 张彤璞、雷昌昆：《我国商业银行效率的测度及其影响因素的实证分析——基于 15 家银行的面板数据》，《西安财经学院学报》2019 年第 4 期。

[114] 余晶晶、何德旭、仝菲菲：《竞争、资本监管与商业银行效率优化——兼论货币政策环境的影响》，《中国工业经济》2019 年第 8 期。

[115] 卢金钟、王晶、方英：《拉巴波特模型与三阶段 DEA 方法在商业银行效率分析中的应用》，《统计与决策》2019 年第 20 期。

[116] 宋爱华：《我国商业银行效率区域差异的实证分析》，《统计与决策》2019 年第 20 期。

[117] 罗春婵、王璐璐：《经济新常态与中国商业银行效率变化研究——基于风险约束 Malmquist 全要素生产率指数的实证研究》，《金融监管研究》2020 年第 1 期。

[118] 罗春婵、王爽、王璐璐：《收入结构转变、风险承受能力与商业银行效率》，《投资研究》2020 年第 2 期。

[119] 刘孟飞、蒋维：《金融科技促进还是阻碍了商业银行效率？——基于中国银行业的实证研究》，《当代经济科学》2020 年第 3 期。

[120] 周少甫、谭磊：《中国上市商业银行经营效率测算及分解——基于 RAM 网络 DEA 模型的实证研究》，《暨南学报》（哲学

社会科学版）2020年第4期。

[121] 谭涛、吴江、王旻轲、申文东：《"21世纪海上丝绸之路"沿线国家商业银行效率研究》，《数量经济技术经济研究》2020年第5期。

[122] 杨望、徐慧琳、谭小芬、薛翔宇：《金融科技与商业银行效率——基于DEA-Malmquist模型的实证研究》，《国际金融研究》2020年第7期。

[123] 王百欢：《经济政策不确定性与商业银行效率——兼论利率市场化的调节作用》，《内蒙古社会科学》2020年第5期。

[124] 张文中、窦瑞：《绿色信贷对中国商业银行效率的影响研究——基于SBM-GMM模型》，《投资研究》2020年第11期。

[125] 薛凯丽、范建平、匡海波、赵苗、吴美琴：《基于两阶段交叉效率模型的中国商业银行效率评价》，《中国管理科学》2021年第10期。

[126] 楚雪芹、李勇军、崔峰、梁樑：《基于两阶段非期望DEA模型的商业银行效率评估》，《系统工程理论与实践》2021年第3期。

[127] 雷鸣、徐方凯、张昊：《混业并购对中国商业银行效率的影响研究》，《南京财经大学学报》2021年第2期。

[128] 李丽芳、谭政勋、叶礼贤：《改进的效率测算模型、影子银行与中国商业银行效率》，《金融研究》2021年第10期。

[129] 范亚辰、田雅群：《互联网金融发展对农村商业银行效率的影响研究》，《华中农业大学学报》（社会科学版）2022年第1期。

3. 中文图书文献

[1] 埃德温·H. 尼夫：《金融体系：原理与组织》，曲昭光等译，中国人民大学出版社，2005。

[2] 陈伟光：《银行产业组织与中国银行业结构》，中国金融出版社，2007。

[3] 陈雨露、汪昌云等：《金融学文献通论》，中国人民大学出版社，2006。

[4] 崔晓峰：《银行产业组织理论与政策研究》，机械工业出版社，2005。

[5] 道格拉斯·C·诺思：《理解经济变迁过程》，钟正生、邢毕等译，中国人民大学出版社，2008。

[6] 樊纲：《公有制宏观经济理论大纲》，上海人民出版社，1994。

[7] 富兰克林·艾伦、道格拉斯·盖尔：《比较金融系统》，王晋斌、朱春燕、丁新娅等译，中国人民大学出版社，2003。

[8] 黄隽：《商业银行：竞争、集中和效率关系研究——对韩国、中国大陆和台湾地区的市场考察》，中国人民大学出版社，2008。

[9] 黄少安：《产权经济学导论》，经济科学出版社，2004。

[10] 霍燕滨：《配置效率、X-效率与国有企业改革》，经济科学出版社，2002。

[11] 凯文·多德著《竞争与金融——金融与货币经济学新解》，丁新娅、桂毕、胡宇娟等译，中国人民大学出版社，2004。

[12] 罗纳德·I. 麦金农：《经济发展中的货币与资本》，卢聪

译，上海三联书店、上海人民出版社，1997。

［13］牛晓帆：《产业组织理论及相关问题研究》，中国经济出版社，2004。

［14］热若尔·罗兰：《转型与经济学》，张帆等译，北京大学出版社，2002。

［15］保罗·A. 萨缪尔森、威廉·D. 诺德豪斯：《经济学》，高鸿业等译，中国发展出版社，1992。

［16］史忠良：《新编产业经济学》，中国社会科学出版社，2007。

［17］吉恩·泰勒尔：《产业组织理论》，张维迎总校译，中国人民大学出版社，1997。

［18］王志军：《欧盟银行业结构发展研究》，中国金融出版社，2007。

［19］魏权龄：《数据包络分析》，科学出版社，2004。

［20］向新民：《金融系统的脆弱性与稳定性研究》，中国经济出版社，2005。

［21］杨德勇：《金融产业组织理论研究》，中国金融出版社，2004。

图书在版编目(CIP)数据

数字化转型背景下商业银行效率及其影响因素研究 / 何蛟，匡红刚著. -- 北京：社会科学文献出版社，2022.9
ISBN 978-7-5228-0617-4

Ⅰ.①数… Ⅱ.①何… ②匡… Ⅲ.①商业银行-经济效率-研究-中国 Ⅳ.①F832.33

中国版本图书馆 CIP 数据核字(2022)第 160162 号

数字化转型背景下商业银行效率及其影响因素研究

著　　者 / 何　蛟　匡红刚

出 版 人 / 王利民
组稿编辑 / 任文武
责任编辑 / 张丽丽
责任印制 / 王京美

出　　版 / 社会科学文献出版社·城市和绿色发展分社 (010) 59367143
　　　　　 地址：北京市北三环中路甲 29 号院华龙大厦　邮编：100029
　　　　　 网址：www.ssap.com.cn

发　　行 / 社会科学文献出版社（010）59367028
印　　装 / 三河市东方印刷有限公司

规　　格 / 开　本：787mm×1092mm　1/16
　　　　　 印　张：12　字　数：137 千字
版　　次 / 2022 年 9 月第 1 版　2022 年 9 月第 1 次印刷
书　　号 / ISBN 978-7-5228-0617-4
定　　价 / 88.00 元

读者服务电话：4008918866

版权所有 翻印必究